Botschaften der Seele

ECON Esoterik und Leben

Die Autorin

Iris Bleeck ist seit 1985 Heilpraktikerin und Gesprächstherapeutin mit eigener Praxis bei Bonn. Sie pflegt besonders Gesprächstherapie, Tanz- und Bewegungstherapie, Biochemie und Phytotherapie. Sie geht davon aus, daß jeder Mensch und jedes Krankheitsbild individuell betrachtet und die jeweilige Therapie einzeln entwickelt werden sollte. Dabei kann die Behandlung und Heilung jedoch auf systematisch erfaßten Erfahrungen aufbauen, welche den Zugang zur individuellen Therapie schneller und leichter finden lassen.

Iris Bleeck arbeitet auch als Seminarleiterin zu den Themen Energiearbeit, Körpersprache, Traumseminare, Atemtherapie, Bewegung und Gespräch.

Iris Bleeck ist verheiratet und Mutter dreier erwachsener Söhne.

Seminaradresse

Anfragen wegen Seminaren richten Sie bitte an Naturheilpraxis I. Bleeck, Schwarzwaldstr. 12, D-53332 Bornheim-Rösberg; Tel. (0 22 27) 8 06 70.

Iris Bleeck

Botschaften der Seele

Was Ihr Körper Ihnen sagen will:
Krankheiten und ihre Bedeutung

ECON Taschenbuch Verlag

Veröffentlicht im ECON Taschenbuch Verlag
Originalausgabe
© 1996 by ECON Verlag GmbH, Düsseldorf
Umschlaggestaltung: KKK, Köln
Die Ratschläge in diesem Buch sind von Autor und Verlag sorgfältig er-
wogen und geprüft; dennoch kann eine Garantie nicht übernommen wer-
den. Eine Haftung des Autors bzw. des Verlags und seiner Beauftragten
für Personen-, Sach- und Vermögensschäden ist ausgeschlossen.
Lektorat: Andrea Kaufmann
Gesetzt aus der Rotis Serif/Rotis Sans Serif
Satz: Alinea GmbH, München
Druck und Bindearbeiten: Ebner Ulm
Printed in Germany
ISBN 3-612-19004-0

Danksagung

Mit diesem Buch danke ich meinen Eltern, Elisabeth und Rudolf, daß ich durch sie für dieses Leben geboren werden durfte. Mein weiterer Dank gilt Rosalyn Bruyere, Elfi Ammann, Christa Pilger-Feiler, Carina Kafka, Betty, Annemie, Gaby, Monika, Christiane, Marianne, Barbara, Ursula, Ruth, Greti, Eva, Hanne, Sabine, Elisabeth und meiner Schwester Edeltraud für ihre Liebe und Herzlichkeit.

Inhalt

1. Die schöpferische Weisheit in unserem Körper

In jedem Lebewesen ist eine tiefe, schöpferische Weisheit gespeichert, die es ihm ermöglicht, Körpersignale als Aufforderung zum Kontakt oder als grenzensetzende Zeichen zu entschlüsseln. Nur wir Menschen sind in der Lage, diese naturgegebene Weisheit zu manipulieren, ihre Wirkung außer Kraft zu setzen und sie nach eigenen, von äußeren Umständen geprägten Vorstellungen zu entstellen.

Folglich setzen wir den menschlichen Geruchssinn im Falle unseres Partners oder bei anderen Menschen mit teuren Duftstoffen, Wässerchen und Badelotionen außer Kraft, wohl in der Annahme oder Hoffnung, daß wir dadurch besser wahrgenommen werden oder attraktiver auf unsere Umwelt wirken. Kaum ein Mann verläßt morgens das Haus, ohne sich intensiv mit After-shave versorgt zu haben.

Dieses Verhalten zeigt deutlich, daß uns irgendwann das Vertrauen in unseren individuellen Körpergeruch und jene geheimnisvolle, innere Sonne des Lebens, die unsere Ursprünglichkeit und Anziehungskraft ausmacht, verlorengegangen ist. Wir haben sie vielfach vergessen. Bei vielen Menschen ist dieses Vergessen bereits in der Kindheit geschehen, indem wir die Verhaltensmuster unserer Eltern übernommen und gesellschaftliche Zwänge erfahren haben.

Dieses verlorengegangene Wissen um unseren persönlichen Zauber versuchen viele von uns zu ersetzen, indem sie Wert auf Äußerlichkeiten legen. Je mehr wir den Sinn des Daseins vergessen, desto intensiver versuchen wir unbewußt, mit bunten Pflastern und anderen schillernden Accessoires die verlorene Magie zurückzuholen.

Düfte, Steine und Farben hatten wegen ihrer magischen Wirkung zu allen Zeiten bei spirituellen Ritualen, zur Bewußtseinserweiterung und im Heilungsgeschehen einen hohen Stellenwert. Nun fangen wir allmählich wieder an, uns ihrer heilenden und magischen Kräfte zu erinnern. Als Kinder waren wir in der Welt der Mysterien noch heimisch und vertraut mit ihr. Darin konnten wir Achtsamkeit für Emotionen entwickeln und leben. Als Erwachsene greifen wir allzu häufig auf Illusionen zurück, die unsere Sehnsucht nach dem verlorengegangenen Paradies nährt. Allzu häufig verschanzen wir uns hinter Kosmetikbergen, nebeln uns mit künstlichen Düften ein und versuchen psychische Blockaden mit Drogen und Medikamenten einzudämmen. Irgendwann kommt jeder von uns einmal an einen Punkt, wo er spürt, das kann es nicht sein. Ich brauche mehr als nur schmückendes Beiwerk.

Das Scheitern vieler Ehen wird häufig mit dem Ausspruch begründet: »Ich konnte sie oder ihn nicht mehr riechen.« Wenn wir mit einem Menschen zusammenleben, spüren und riechen wir dessen Emotionen hautnah. Wut riecht anders als zärtliches Geplänkel. Wut sieht rot aus und hat den Geruch des aufgewirbelten Staubes einer Stierkampfarena. Zorn stinkt, Liebe duftet lieblich und süß.

Kaum eine Frau ist sich der Tatsache bewußt, daß die Einnahme der Antibabypille die natürliche Fähigkeit herabsetzt, die Partnerwahl mit Hilfe der Geruchsintuition zu treffen. Somit wird der gesunde Instinkt verfälscht, der wissen läßt, ob man diesen Partner überhaupt riechen kann. Täglich hindern oder mindern wir durch Umwelteinflüsse unsere Sinneswahrnehmungen und verfälschen unsere Sensitivität, was wiederum die Entwicklung einer guten emotionalen Intelligenz einschränkt.

Unser Unvermögen, wesentliche Informationen über Menschen zu sammeln, nimmt zu. Erkenntnisse, die unserem geschulten Verstand fremd sind und außerhalb der gängigen Normen liegen, nehmen wir kaum wahr. Äußerliche Daten über Menschen, wie Größe, Gewicht, Geschlecht, Alter, Schulbildung, Beruf, Anstellung und Familienstand, zeichnen lediglich ein Bild aus feststehenden Fakten. Durch die Beantwortung einer derartigen Checkliste erfahren wir nichts über die emotionale Entwicklung des Betreffenden.

Die eigentliche Weisheit, wie man Konflikte und Streßsituationen bewältigt, zeigt sich in der Fähigkeit, die eigenen Emotionen und die der Mitmenschen erkennen zu können und mit diesen Gefühlen angemessen umzugehen. Dadurch lassen sich permanente Kampfsituationen (oder Auseinandersetzungen mit sich und anderen) verhindern. Wichtig ist, sich Zeit zu nehmen, um die notwendigen Informationen zu erfassen, wie ein Mensch riecht, wie er schmeckt und welche Ausstrahlung er hat. Welche Reaktionen lösen dann diese empfangenen Reize aus, und welche Gefühle entwickeln sich daraus?

Frauen markieren unbewußt ihr Territorium, indem sie alles beriechen und beschnüffeln, beispielsweise ihre neugeborenen Kinder. Sie schnuppern auch an der abgelegten Wäsche ihrer Kinder oder Partner. Meistens äußern sie zugleich lautstark ihre Empfindungen. »Mmh, was riechst du gut!« Oder: »Igitt, wie du stinkst!« Frauen benetzen häufig ihre Finger mit Speichel, um damit ihren Kindern das Haar glattzustreichen. Männer hingegen markieren ihr Revier gewöhnlich, indem sie ihre Kleidungsstücke großflächig ausbreiten. Dadurch bekunden sie: »Das ist mein Revier, hier regiere ich.« Für ein friedliches Zusammenleben ist es äußerst wichtig, zu erspüren, wie sich Mitmenschen in bestimmten Lebenssituationen anfühlen.

Weitere Informationen liefern uns die Art der Atmung und die Betonung der Sprache. Atmet ein Mensch schnell, kurz, hastig, oder ringt er nach Luft aus Mangel an Vertrauen, daß die Atemluft ihn mit Sauerstoff versorgt und trägt?

Wir können wahrnehmen, ob die Atemluft heiß und feucht ist, und folglich eine Empfindung spüren. Fühle ich mich unbehaglich, diesen Atem zu spüren? Gehe ich sogar zurück, weil der andere mit seiner fordernden Sprechweise in mich einzudringen versucht? Wir können wahrnehmen, wie dynamisch die innere Haltung eines Menschen ist. Sind aufgrund der Körpersprache bereits Harmoniestörungen sichtbar und spürbar, oder bewegt sich ein Mensch fließend, frei, tänzerisch, zentriert und anmutig?

Die Resonanz, der Widerhall ist das, was uns Menschen auf geheimnisvolle Weise miteinander verbindet. Wir sind Energie. Alle Energien erzeugen Schwingungen, alles hat seine eigene Melodie; diese wahrzunehmen bedarf es des Innehaltens und Lauschens auf die Momente des Lebens.

Sie sehen, wie vielfältig unsere Möglichkeiten sind, emotionale Intelligenz zu entwickeln, indem wir die Emotionen eines Menschen angesichts seiner Körperhaltung, Stimmlage, des Glanzes oder der Leere seines Augenausdrucks, seiner Gestik und Mimik wirklich wahrnehmen. Allein beim Akt der Begrüßung eines anderen Menschen können wir eine Menge Daten von ihm erfahren.

Zum Beispiel: Wieviel Nähe oder Distanz stellt er her? Besteht er auf einem Abstand in Armlänge, oder vereinnahmt er uns und klammert? Was macht er mit seinen Händen, und wie handlungsbereit ist er? Ist ein Mensch liebevoll, tatkräftig und zupackend oder verletzend, ist er weich oder gar zögerlich, d. h. nicht ohne weiteres bereit oder fähig zu handeln? All das vermittelt uns einen ersten Eindruck über unser Gegenüber.

Das sich abzeichnende Bild und die Gefühle, die sich nach der Reizaufnahme in uns einstellen, vermitteln einiges über die Lebensweise und den Charakter oder die Krankheiten des Betreffenden. Wir sammeln Informationen, um einen Menschen einschätzen zu können und dann eventuell in eine Beziehung zu ihm zu treten.

Körpersignale senden bewußt und unbewußt emotionale Informationen über uns aus. Das häufigste Hindernis, sie zu erkennen, sind anerzogene und erworbene Blockaden seit frühester Kinderzeit.

Häufig speichern wir Blockaden und rigide Muster auf unserem Lebensweg, als ob es gilt, mit anderen Menschen in Konkurrenz zu treten. Mich erstaunt es immer wieder in der Praxis, wie viele Menschen sich freiwillig seelisch und körperlich mißhandeln, sich nicht lieben, sich im Kriegszustand mit ihrem Dasein befinden und trotzdem noch munter leben. Wenn wir unserer Seele schon lange nicht mehr zugehört haben, spricht der Körper mit einer deutlichen Schmerzsprache in Form von unübersehbaren Symptomen zu uns. Es kann mit Unpäßlichkeiten beginnen. Die Symptome sind beispielsweise: »Es geht mir nicht gut, ich weiß jedoch nicht, weshalb.«

Womöglich steigert sich das zu gewaltigen, nicht mehr zu überhörenden Signalen des körperlichen Schmerzes. Es ist wichtig und richtig, seinen Körper gut zu behandeln und zu gebrauchen, damit man sich und andere nicht schädigt. Körperbewußte Verständigung heißt, all unsere Gefühle und Gedanken lösen körpergerechte Reaktionen in uns aus, wodurch die Verständigung unter uns Menschen ehrlicher, aufrechter und liebevoller gestaltet werden kann.

Liebe ist letztendlich die Erfahrung, ganz zu sein. In diesem Zustand schwingen Körper, Geist und Seele harmonisch. Sie verstehen und lieben sich und erfüllen ihr Dasein mit Freude und Vitalität.

2. Praxis: Ein Fallbeispiel: Wie psychische Muster zu Krankheit führen

Anne hatte von Kindheit an das tiefe Bedürfnis nach Nähe in sich und zugleich die Sehnsucht nach Autonomie und Distanz. Diese Wunschvorstellung und deren Verwirklichung hat Anne bis zu ihrem fünfzigsten Lebensjahr aufgrund ihrer prägenden Lebensumstände nie wirklich unverletzt erfahren. Das gute Gefühl, ich darf ich sein und du darfst du sein, wurde, soweit Anne zurückdenken konnte, von beiden Elternteilen in »du gehörst uns« umgewandelt und von ihr auch so gelebt. Zu dem ihr gestatteten Zustand gab es keine Alternative, nur Druck, wenn sich in Anne mahnend die Sehnsucht nach den anderen Möglichkeiten meldete.

Es begann damit, daß die Mutter grundsätzlich den Alltag und das Familienleben nach ihren Vorstellungen gestaltete. Anne wurde mit Sätzen wie: »Dazu bist du zu klein, werde erst einmal erwachsen, dann kannst du mitreden, du machst sowieso alles falsch, auf dich ist kein Verlaß« in all ihren Handlungen herabgesetzt. Jede Kreativität wurde im Keim erstickt. Die Mutter als unerreichbare Überperson, deren Zuneigung nur zu gewinnen war, wenn Anne sich von ihr herausputzen ließ und die Mutter stolz ihr hübsches Kind vorzeigen konnte. Die Bewunderung der anmutigen Anne kommentierte sie dann mit: »Meine Tochter wird Ärztin.« In ihrem Tonfall schwang immer etwas Endgültiges mit.

Die Folge davon war, daß Anne zu lügen begann. Sie verheimlichte schlechte Leistungen in der Schule und ihre sich anstauenden innerlichen Konflikte. Anne flüchtete sich in ihre Phantasie.

Ihre Stimme wurde leise. Wenn sie vor mehreren Menschen sprechen sollte, schnürte ihr die Angst, sie könne etwas sagen, was nicht genehm ist, oder etwas, was ihre tiefsten Wünsche und Sehnsüchte verraten könnte, die Kehle zu. Die Verbindung zu ihren tieferen innewohnenden Aspekten wurde allmählich von der Angst abgeschnitten.

Angst beeinflußt unser Dasein. Sie zwingt uns Verhaltensweisen auf, die unendlich viel Kraft kosten. Die Lebensäußerungen werden durch diese empfundene und gelebte Angst versklavt. In der Stimme spiegelt sich das von uns selbst oder von anderen mißhandelte innere Kind wider. Es zeigt uns, wie bedürftig wir in Wirklichkeit sind.

Auf diese Weise verlor Anne ihren guten Instinkt für das Wahre. Sie zweifelte an allem und bewegte sich stets angepaßt, ohne echte eigene Meinung. Durch dieses Verhalten drängte sie sich häufig ins Abseits. Anne geriet immer tiefer in diesen Kreislauf, den sie erst nach langen Leidensjahren endlich anhand ihrer schwerwiegenden Symptome in Form von krankmachenden Mustern erkennen konnte.

Die gedämpfte Stimme bescherte ihr einerseits unbewußt Nähe. Da sie nur leise sprechen konnte, mußten Menschen, mit denen Anne Kontakt suchte, näher an sie heranrücken, um sie verstehen zu können. Nur wer wirklich an ihr interessiert war, ließ sich auf soviel Nähe ein, denn diese Stimme forderte die Bereitschaft, ernsthaft zuzuhören und sich auf die Beziehung einzulassen.

Angesichts dieser Schutz suchenden Haltung schwand ihre Selbstsicherheit immer mehr dahin. Anne machte sich zum Opfer. Das Unvermögen, durch die Stimme innere Kraft, Mut und Lebendigkeit fließen zu lassen, kompensierte Anne mit Eitelkeit. Wie ein bunter Vogel lockte sie Männer an, in der trügerischen Hoffnung, daß diese ihr die Kraft und den Schutzschild bieten würden oder könnten. Ihn für sich zu errichten fühlte sie sich außerstande. Anne heiratete einen um viele Jahre älteren Arzt. Damit erfüllte sie auf Umwegen den

Wunsch ihrer Eltern, die sich einen Arzt in der Familie wünschten. Diese Heirat befriedigte ihre Eitelkeit und die ihrer Eltern. So glaubte sie, durch diese Ehe Wertschätzung von außen und Schutz zu erfahren.

Auf diese Weise hatte sie ihre Eltern zwar ausgetrickst, aber dennoch gleichzeitig zufriedengestellt. Nach zweijähriger Ehe entwickelte Anne eine dramatische Überfunktion der Schilddrüse. Sie magerte auf 46 Kilogramm ab. Die Schilddrüse signalisierte, daß Anne das, was sie in ihrem Herzen fühlte und lebte, nicht über die Schwelle der Kehle nach außen vermittelte. Sie unterdrückte ihre wahren Emotionen und Wünsche und begann, um den äußeren Schein zu wahren, immer wieder zu lügen. Ihre Schilddrüse gab ihr zu verstehen: »Ich werde immer fülliger, ich kann diese unterdrückten Emotionen nicht mehr fassen, ich erweitere mich in bedrohlicher Weise, ich presse dir die Atemluft ab, damit du dir endlich Luft machst und deinen Reinigungsprozeß in Angriff nimmst, damit du überleben und leben kannst.«

Ihre Schilddrüse drückte aus: »Du beschuldigst andere, du machst sie für dein Leid verantwortlich. Jedoch in dem Maße, wie du andere beschuldigst, erschöpfst du dich zugleich selbst.«

Die Symptome zwangen Anne im wahrsten Sinne des Wortes in die Knie. Sie hatte Herzrasen, erheblichen Gewichtsverlust, und ihre körperliche Kraft erschöpfte sich schnell. Es kostete sie täglich Überwindung und eine Menge Kraft, ihre gestauten Aggressionen zu unterdrücken, die daher rührten, daß sie ihre feindseligen Gefühle sich selbst und ihrer Umwelt gegenüber zu verleugnen suchte.

Die Schilddrüse stellt auch den Ort des absoluten Zeitgefühls dar. Sie vermittelt uns, ob die Zeit schnell oder langsam vergeht. Wir alle kennen die Erfahrung, daß gute Zeiten im Fluge vergehen und schlechte Zeiten uns niederdrücken und lange anhalten.

Dieser Umstand zwingt uns doch irgendwann, Ursachenforschung zu betreiben, damit es uns gelingen möge, gute Zeiten zu halten, sie bewußt und tief zu erleben und die Fähigkeit zu erlernen, schlechte Zeiten möglichst gut zu überstehen. Zur Überfunktion gehört auch der Drang, die Dinge zu früh und zu schnell geklärt haben zu wollen. Man fordert zu schnelle Antworten, die in nahezu allen Fällen falsche Reaktionen herbeiführen. Die Ungeduld ist eine der Hauptursachen für mangelhafte Entwicklung.

Der Austausch zwischen zwei Menschen läuft häufig nach bestimmten Mustern ab. Einer hat ein Gefühl und äußert es sprachlich oder körperlich, und der andere entwickelt daraufhin ein Gefühl oder eine Reaktion. Das heißt, ein Mensch, der anhand einer hyperaktiven Schilddrüse auf seine Lebensumstände reagiert, ist in der Regel ungeduldig, nicht belastbar, weinerlich und kraftlos.

Ein weiteres Merkmal dieses Krankheitsbildes ist die Neigung, zuviel tun zu wollen. Dabei kommt es durch die Fülle der Aktivitäten häufig zur Informationsvernichtung, was zwischen Versprechen und Taterfüllung ein Ungleichgewicht herstellt. Unangenehme Emotionen bleiben unausgesprochen, werden gewissermaßen im Hals verschluckt. Der betreffende Mensch bekommt einen dicken Hals. Anne ließ sich ihren Kropf chirurgisch entfernen und beendete fast zeitgleich diese Ehe.

Einige Jahre später heiratete sie einen lauten, dynamischen und sehr aktiven Mann. Er teilte Menschen in zwei Kategorien ein, in Macher und in Abwickler. Anne ahnte sehr schnell, auf welcher Seite sie sich in dieser Ehe wiederfinden würde, nämlich auf der Seite des Abwicklers. Alles in dieser Beziehung war anders.

Nach der überstandenen Krankheitsphase in der ersten Ehe weckten der überströmende Aktionismus und die tatsächliche Lebendigkeit ihres neuen Partners in Anne andere Instinkte und die Erinnerung an ihr ursprüngliches Selbst.

Aber schon nach kurzer Zeit traten an ihrem Schwachpunkt, dem Hals, erneut Reaktionen auf. Diesmal entwickelte sie eine spastische Dystonie. Das ist ein Dauerkrampf der Stimmbänder, der es nahezu unmöglich macht, normal verständlich zu sprechen. Aufgrund der hohen Spannung der Stimmbänder gleitet die Stimme in einen Resonanzbruch ab. In der Anfangszeit dieser Symptomatik gelingt es noch, sich recht gut flüsternd zu unterhalten. Im Laufe der Zeit schleicht sich der Resonanzbruch allerdings auch in die Flüstertöne.

Im Zusammenleben mit diesem »Machermann« hat es Anne tatsächlich erst einmal die Sprache verschlagen. Ihr Mann produzierte sich vor ihr als schier unerschöpfliche Energiequelle, genau wie in dem Märchen, in dem die Heldin das Zauberwort vergessen hat, womit sie den nahrungsspendenden Tonkrug, aus dem ununterbrochen Grießbrei quillt, zum Stillstand hätte bringen können.

In diesem Märchen bekommt ein hungerndes Mädchen von der guten Fee den besagten Topf geschenkt, damit sie sich ernähren kann. Gleichzeitig erfährt sie ein Zauberwort, das es ihr ermöglicht, die lebenspendende Quelle durch Zuruf aufzutun und sie, nachdem sie satt geworden ist, wieder versiegen zu lassen. Als sie jedoch das Zauberwort vergessen hat, tritt die Katastrophe ein; der Topf hört nicht auf, Grießbrei zu spenden, und droht das ganze Dorf zuzuschütten.

Ähnlich wie im Märchen kommt auch im richtigen Leben das verschollene Zauberwort im letzten Moment zum Vorschein, um Leib und Leben zu retten. Unbewußt entwickelte Anne Angst vor der geschilderten Dynamik ihres Mannes – Angst, daß sie und die übrigen Familienmitglieder dadurch überrollt werden könnten, weil sie sich mehrere Jahre lang nicht an das Zauberwort »Es ist genug« erinnern konnte. Sie hatte das Gefühl vergessen, wie man Grenzen setzt. Fast vier Jahre litt Anne unter dieser Symptomatik.

Unmerklich veränderte sich zwangsläufig ihr Gesamtverhalten. Von oberflächlichen Gesprächen hielt sie sich nun fern, da es ihr unmöglich war, es sei denn unter äußerster Anstrengung, eine Unterhaltung zu führen. Dafür wurde ihre Gestik unmerklich lebhafter, weil sie ihren Worten mit den Händen Gewicht verleihen wollte. Sie lernte, in die Körpersprache auszuweichen. Mit Hilfe dieses Prozesses wurden allmählich Worte und Gefühle durch Körpersprache in Einklang gebracht. Annes gesamter Lebensausdruck wurde lebendiger, und ihre Äußerungen wurden wahrhaftig.

Sie begann zu verstehen, daß ihr Mann durch seine Veranlagung, heftige Energien und Emotionen gekonnt nach Macherart auszuspielen, sie an die Grenzen ihrer Belastbarkeit gedrängt hatte, wodurch der Überlebenswille und der Lebenswille in ihr entfacht wurde. Für sie stand zur Disposition, entweder stumm und in ihrer Ausdrucksmöglichkeit entscheidend behindert zu leben oder den Mut zur Selbstäußerung aufzubringen.

Ihr Partner war und ist wichtig für sie, um sich angesichts seines Verhaltens an ihre eigene Kraft rückerinnern zu können. Endlich lernte sie es, Grenzen zu setzen, mutig ihre Wünsche und Bedürfnisse zu äußern, damit sie aus ihrer angstvollen Starre erwachen und zur Tat schreiten konnte. Jahrelang hatte sie die Art, wie ihr Mann Emotionen und Energien auslebte und einsetzte, als Bedrohung ihrer psychischen Existenz empfunden.

Anne leitete den Gesundungsprozeß ein, indem sie sich als geduldige Zuhörerin entpuppte und wenig über ihre Stimme mitteilte. Statt dessen setzte sie den gesamten Körper zur Verständigung ein. Stimmlich war es ihr immer noch nicht möglich, spontan zu reagieren, ihre Körpersprache stimmte aber zusehends mit ihren Gefühlen überein. Ganz langsam zwang ihr Leiden sie dazu, ein harmonisches Verhältnis zwischen Körper, Geist und Seele herzustellen.

3. Theorie: Was verbindet Körper, Geist und Seele miteinander

Die unzertrennliche Einheit von Körper, Geist und Seele ist in vielen Jahrhunderten und nahezu in allen uns beherrschenden Bereichen des Lebens stets in Frage gestellt worden. Es scheint so, als ob wir in unserer Kultur immer nur Anteile von uns, jedoch nicht das Ganze wahrnehmen können. Die Spaltung dieser Einheit verdanken wir den extrem körperfeindlichen Moralvorstellungen der christlichen Religion, den Vertretern der Medizin, die Symptome kurieren, ohne die Psyche in den Heilungsprozeß einzubeziehen, sowie unserer Erziehung durch Eltern, Schulen und andere Ausbildungsstätten.

Das Äußere, das Sichtbare, wird bewertet und begutachtet, beurteilt oder verurteilt. Der bekannte Arzt Rudolf Virchow soll Ende des vergangenen Jahrhunderts gesagt haben: »Ich habe Hunderte von Leichen obduziert, aber ich habe noch nie eine Seele gefunden!« Eine derart seelenfremde Einstellung befähigte ihn wohl kaum, Kontakt mit der Seele eines lebenden oder sterbenden Patienten aufzunehmen. So konnte er bei seiner Arbeit in der Pathologie auch nicht fündig werden.

Im Augenblick des Sterbens und im nachfolgenden Zustand des Todes geben wir die Energie, welche uns für den Zeitraum unseres irdischen Daseins die sichtbare Form verliehen hat, der Erde und dem Himmel zurück. Die Körperenergie beherbergt unseren individuellen Geist und das, was unsere Seele ausmacht. Diesen Vorgang beschreibt der Volksmund als »den Geist aufgeben«. Im Augenblick des Todes lösen sich der Geist und die Seele vom Körper, die uns für dieses Leben beseelt und durchgeistigt haben. Im Falle einer Feuerbestattung zerfällt der Körper durch den Verbrennungsprozeß schneller zu Asche als unter der Erde und reiht sich damit wieder in den Kreislauf der Fruchtbarkeit ein.

Es gibt auch Gründe, warum sich diese Trennung bereits während des Lebens vollziehen kann. Wenn Menschen massiven traumatischen Situationen, wie zum Beispiel Kindesmißbrauch und Mißhandlung, ausgesetzt werden, unter schweren schmerzhaften Erkrankungen leiden oder gefoltert werden, verlassen sie diese Einheit von Körper, Geist und Seele, um ihre physische Existenz zu sichern. Derartige Schockerfahrungen führen eine Art von »kleinem Tod« herbei, der je nach Ursache für die weitere seelische Existenz und Entwicklung des betroffenen Menschen Schmerzen an Körper, Geist und Seele hinterläßt. Dieser Mensch erkrankt mit großer Wahrscheinlichkeit in allen drei Bereichen.

Eine andere Möglichkeit, in die wir täglich bewußt oder unbewußt eintauchen, ist die eigene Traumwelt. Wir können in Tagträumen, in Meditationen und während des Schlafes unseren Geist auf den Schwingen unserer Seele in die unendlichen Weiten des bereits Erlebten und des noch zu Erlebenden schicken.

Wir können in den Möglichkeiten der Schöpfung spazierengehen. Im Traum sind wir spielerisch wandlungsfähig, wir erleben uns als Tiere, Pflanzen, Hexen oder Krieger, Feen, Priester, Arme und Reiche, die allesamt Anteile von uns darstellen. Die Lebensumstände und unsere Entwicklungsstufen bringen uns die Erinnerung an diese archaischen Bilder. Der Traum zeigt uns deutlich, welche inneren Aspekte verdrängt sind oder zu dominant in unserem Leben auftreten. Er zeichnet dramatische Bilder, damit wir hinschauen und wichtige Signale der Seele empfangen. Unsere Aufmerksamkeit für seelisch bedrohliche Situationen soll geschärft werden.

Der Traum heuchelt nicht und erspart uns nichts. Demzufolge lädt er uns ein, durch Schlangengruben zu waten, er läßt unser Haus lichterloh brennen und unseren Gartenteich zur Sintflut anschwellen. Ein anderes Mal kann er uns auch die Erinnerung an das Paradies schenken, wo wir den Duft exotischer Pflanzen aufnehmen, Klänge uns liebkosen und uns die Erinnerung an die vollkommene Liebe zurückbringen.

Der Schöpfer, der uns die Möglichkeit des Lebens geschenkt hat, hat in weiser Voraussicht, falls wir dieses Geschenk jemals nicht pfleglich behandeln sollten, gleich noch einen hauseigenen Psychotherapeuten mitgeliefert – unsere Träume, welche uns die Rückerinnerung an das Einssein ermöglichen.

Machen wir uns bewußt, daß wir in diese Spirale, welche die Energien von Leben und Tod mischt, und inmitten all der paradoxen Erscheinungen eingebunden sind, welche letzten Endes den Sinn und die Gerechtigkeit des Daseins ausmachen. Welcher schöpferischen Gnade haben wir es zu verdanken, einen Körper geschenkt bekommen zu haben mit all seinen Möglichkeiten, uns und die Welt zu entdecken und zu entwickeln? Wir sind ein Teil dieser Gnade, wie wir ein Teil unserer Eltern und unserer Vorfahren sind. Wir tragen einen Teil dieses Wunders als ruhende Information in uns und mit uns.

In der menschlichen Aura, dem Energiefeld, das ich gelegentlich als spirituelle DNS bezeichne, sind Weisheit, Wissen und die Möglichkeit zur Erleuchtung gespeichert. Es gibt viele Möglichkeiten, diese für unseren gesunden und natürlichen Wachstumsprozeß so wichtige Harmonie zwischen Körper, Geist und Seele zu stören, sie zu leugnen und zunichte zu machen oder sie zu entdecken und zu lieben.

In einigen Märchen wird uns vermittelt, daß der Tod täglich gierig auf unser Lebenslicht schaut, in der Hoffnung, daß wir uns so verhalten, daß es bedrohlich zu flackern be-

ginnt und er gute Beute machen kann. Es wird uns symbolisch gesagt, daß dieses Licht existiert, vielleicht ist es das,
was wir die Seele nennen.

Unser Verhalten dem Leben gegenüber wirkt sich spürbar
auf unser Licht aus. Wir tragen die Verantwortung für es,
wir sind sein Hüter und sein Wächter. Wenn wir Heilung erfahren möchten, so geht es darum, die Pforten zur Wahrnehmung zu öffnen. Manchmal glaube ich, daß uns Gott – oder
wie wir diese universale Schöpferkraft auch immer nennen
wollen – ausgesandt hat, um zu schauen, ob er/sie/es nicht
noch etwas in diesem perfekten Gesamtwerk vergessen hat.
Vielleicht schickt Gott uns auf die Wanderschaft durch das
Leben, damit wir ihn noch auf mögliche Spielräume zwischen Körper, Geist und Seele aufmerksam machen können?

So haben wir Tausende von Möglichkeiten der Gefühl-
sentwicklung und deren Handhabung zur Verfügung. Solan-
ge wir atmen, handeln und denken, werden wir von der
Möglichkeit des Einsseins von Körper, Geist und Seele getragen. In einem gesunden Körper wohnen ein gesunder Geist
und eine gesunde Seele. Wir leben also in einer Dreieinigkeit.

Vielleicht handelt es sich dabei um einen Verbund nach
dem Modell der Familie, bestehend aus Vater, Mutter und
Kind, mit allen auftretenden Problemen, die sich im familiä-
ren Zusammenleben mitunter einstellen können? Einer versucht den anderen zu disziplinieren oder zu dominieren und
zu verletzen und versichert dabei, er würde sicherlich aus
Liebe so handeln, eben nur das Beste zu wollen. Dabei wird
immer ein Teil von uns verletzt oder kommt zu kurz, obwohl
es ganz klar ist, daß ein Maß an Liebe und Verständigungs-
bereitschaft notwendig ist, um lebendig und entwicklungs-
bereit bleiben zu können, wenn man so intim auf engem
Raum zusammenlebt.

Wenn wir ständig einen dieser geistigen Lebensträger

verletzen, mißhandeln oder mißbrauchen, ob durch seelische Selbstverstümmelung oder Fremdeinwirkung, entwickelt sich ein seelischer Haltungsschaden, in dessen Gefolge die körperlichen Beschwerden auftreten.

Häufig setzt dann der Schrei nach Hilfe von außen ein: »Wer befreit mich blitzschnell und möglichst schmerzarm oder gar schmerzlos von meinen Qualen?«

Viele Menschen haben eine extreme Abhängigkeit hinsichtlich der anerzogenen Wünsche und Süchte ihres Körpers entwickelt. So reagieren wir sofort, wenn der Körper ein bestimmtes Bedürfnis signalisiert. Es meldet sich zum Beispiel Appetit beim Anblick eines leckeren Essens, und wir beginnen zu essen, auch wenn wir in diesem Moment gar keinen Hunger haben.

Die gegenteilige Reaktion finden wir bei dem Krankheitsbild der Magersucht, hier wird der Sinn des Essens zweckentfremdet. Es findet eine Verweigerung gegen die Entfaltung der Nahrungsmittel statt, indem der Körper immer wieder durch Erbrechen gezwungen wird, auf die Nahrung zu verzichten, um ihn an seiner vitalen Entwicklung zu hindern und um ihn letzten Endes zur Aufgabe zu bringen.

Es ist gut, mit seinem Körper zu sprechen, in Kontakt mit ihm zu bleiben und ihm zu sagen: »Nein, jetzt nicht, es hat Zeit, es ist für dich auch mal wichtig, auf die Erfüllung von Wünschen und Sehnsüchten zu warten!« In der Praxis erleben wir häufig zwei Phänomene: entweder entmündigen Menschen ihren Körper, das heißt, sie überhören alle Signale nach dem Motto: »Du gehörst mir und tust, was ich will«, oder sie behandeln und verhätscheln ihn wie ein Kleinkind.

Wir wünschen uns oft Eltern mit Vorbildcharakter, die nicht lediglich als gesellschaftliche Abziehbilder in unserem Leben existieren. Jeder kann diese guten Wunscheltern für sich selbst sein (oder dazu werden) und als gute Mutter und gütiger Vater für alle gesunden und erkrankten Bereiche unserer Dreieinigkeit wirken.

Wir brauchen bedingungslose Liebe in uns, um nicht zu einem gesellschaftlichen Abbild zu verkommen. Allerdings überleben viele von uns mit einem Minimum an bedingter Liebe, weil ihr Gefühlskörper während ihrer emotionalen Entfaltungsphase sehr oft seelisch verhungerte oder gezwungen war zu fasten. Die Eltern, da häufig selbst seelisch verkrüppelt, setzten lieber auf prägende Erziehung und Drill. Es wäre gesünder, der Entfaltung Raum zu geben. Wenn wir, aus welchen Gründen auch immer, unsere Seele zur Disposition stellen, wird unser entseelter Körper irgendwann auch seinen Geist aufgeben und diesen Lebensraum verlassen.

4. Chancen und Grenzen der psycho-somatischen Interpretation von Krankheiten

Das Beispiel von Anne, die geneigt war, wiederholt in einem bestimmten Körperbereich zu erkranken, und die noch folgenden Fallbeispiele geben zu bedenken, daß eine genetisch bedingte Familiendisposition häufig eine Rolle spielen kann, welche Organe oder welcher Teil des Körpers erkrankt. Trotz unterschiedlicher Lebensumstände entwickeln Mitglieder einer Familie häufig identische krankmachende Muster. Der wichtigste Grund hierfür ist, wie die emotionale Erziehung und Entwicklung vom Zeitpunkt der Geburt an verlaufen ist.

Wenn ein Kind Gefühle wie Trauer, Freude, Heiterkeit und Zärtlichkeit äußert und dessen Mutter fähig ist, auf genau diese Gefühle angemessen zu antworten, ermöglicht sie es dem Kind zu spüren, daß sein Gefühl erkannt und verstanden worden ist. Daraus erfolgt eine gesunde Abstimmung und ein harmonisches Verhältnis zwischen diesen beiden Menschen. Dieses gut verstandene Kind wird in der Regel als erwachsener Mensch ehrlich und achtsam mit seinen und den Gefühlen anderer Menschen umgehen können.

Ich vertrete jedoch die Meinung, daß die emotionale Abstimmung schon früher, nämlich bereits im Mutterleib, beginnen kann. Während der Schwangerschaft wird der Fötus über die Nabelschnur mit mütterlicher Energie versorgt, was zu einer unterschiedlich gearteten Speicherung der Gefühle der Mutter führt. Entweder übernimmt das Kind diese Gefühlsbotschaften oder es blockt sie ab.

Es ist ein Geheimnis, weshalb es einigen Kindern gelingt, traumatische Erlebnisse der Mutter während der Schwangerschaft in einer Weise zu speichern, daß sie psychisch nicht davon betroffen werden. Ist das Kind geboren, beginnt es seine Gefühle und seine Phantasien in aller Offenheit zu zeigen. Dies geschieht bis zu dem Zeitpunkt, an dem das Kind durch empfundene Reaktionen einer nahestehenden Bezugsperson befremdende Muster erfährt.

Eine von Herzen heitere Mutter wird in der Regel ein heiteres Kind haben, während eine nörgelnde, unzufriedene Mutter ihrem Kind oft bis in die letzte Nische seiner Unbefangenheit und Heiterkeit nachstellt. Ein Kind, das weint und in seiner Trauer bestätigt wird, wird in seinem späteren Leben Trauer mit dem natürlichen Hilfsmittel der Tränen fließen lassen können. Verbotene Tränen blockieren weite Felder des Körpers.

Anhand von zwei Fallbeispielen möchte ich versuchen, die Chancen und Grenzen der psychosomatischen Interpretation klarzumachen. Das erste Beispiel soll zeigen, wie früh emotionale Empfindungen einsetzen und wie sie dann als lebenslängliche Quelle der Angst abgespeichert werden können. Im zweiten Fallbeispiel gelang es, die Muster zu erkennen und aufzuklären, allerdings vermochte die Kranke nicht, ihre Krankheit zu beseitigen.

Beispiel 1

Ein etwa vierzig Jahre alter Ingenieur litt unter unerklärlichen Angstzuständen. Er brach in Panik aus, wenn er in seiner Nähe rinnendes Wasser wahrnahm. Auslöser dafür konnte ein aufgedrehter Wasserhahn sein, an dem seine Kinder oder seine Frau sich soeben die Zähne putzten. Die Angst, es könnte in seinem Haus zu einem Rohrbruch kommen, ließ ihn allabendlich den Haupthahn abdrehen.

Die körperlichen Symptome machten sich durch ansteigenden Blutdruck und Schweißausbrüche bemerkbar, worauf er in Panik geriet. Seine Ängste waren für ihn und seine Familie eine kaum mehr zu ertragende Belastung. Jahrelange Psychoanalysen und der gesamte Dschungel von Therapien, die er ausprobierte, entnervten nicht nur ihn, sondern auch seine Familie. Durch Zufall – es fiel ihm etwas zu – wurde ihm ein seriöser Hypnosetherapeut empfohlen.

Im Verlauf einer Therapiesitzung, in der ihn ein neurologischer Facharzt stufenweise bis in den dritten embryonalen Lebensmonat zurückbegleitete, traten unter Hypnose beim dritten Lebensmonat die gleichen dramatischen Symptome wie Schweißausbrüche, Atemnot und Anstieg des Blutdrucks auf.

Der Patient litt Todesfurcht, als ob es um sein Leben ginge. Der Verdacht lag nahe, daß sich in diesem Schwangerschaftsmonat etwas Lebensbedrohliches abgespielt haben mußte. Die Befragung der noch lebenden Mutter ergab nach vielerlei Ausflüchten ihrerseits, daß sie exakt zu diesem Zeitpunkt – aus ihrer eigenen seelischen Notsituation heraus – einen Abbruchversuch unternommen hatte. Während dieses Vorgangs ging etwas Fruchtwasser verloren. Wie durch ein Wunder schloß sich aber der Defekt in der Fruchtblase, und die Schwangerschaft blieb erhalten und somit auch das Leben dieses Patienten.

Nachdem die Ursache unter Hypnosetherapie gefunden worden war, half eine begleitende Psychotherapie, dieses traumatische Geschehen aufzuarbeiten. Der Patient wurde gesund. Ihm hatte sich eine reelle Chance zur Aufklärung und Bewältigung geboten. Wird eine Ursache erkannt, wächst die Möglichkeit, krankmachende Muster aufzuklären und deren körperliche Symptome zu beseitigen.

Beispiel 2

Seit einem Jahr betreue ich eine ALS-Patientin. Das Krankheitsbild der »Amyothrophischen Lateralsklerose« führt vielfach bereits nach fünf Jahren durch zentrale Lähmungen zum Tode. Die ALS-Kranken weisen ähnliche Symptome wie Multiple-Sklerose-Patienten auf, die Abfolge der einsetzenden Lähmungen und Behinderungen passiert lediglich schneller und dramatischer.

Selten ist, daß eine junge Frau im Alter von dreiunddreißig Jahren wie meine Patientin von dieser Krankheit betroffen wird. Diese Erkrankung tritt generell meist bei älteren männlichen Patienten auf.

Zu dem Zeitpunkt, als wir uns kennenlernten, war meine Patientin bereits mit der Aussage ihres behandelnden Neurologen konfrontiert worden, daß sie nur noch ein Jahr zu leben hätte. Leider gibt es zur Zeit weltweit weder naturheilkundlich noch schulmedizinisch für dieses Krankheitsbild eine effektive Therapie. Die Ursache oder die Ursachen dieses Krankheitsbildes sind nicht bekannt.

In langen, mühsam verlaufenden Gesprächen – die Patientin litt bereits an einer teilweisen Lähmung des Sprachzentrums – erzählte sie mir, daß sie aus einer großen Familie stammt. Sie ist mit sieben Geschwistern aufgewachsen. Stets hatte sie sich sehnsüchtig gewünscht, von ihrem Vater wahrgenommen und spürbar geliebt zu werden. Sie hat es nie fühlen können, daß er sie liebt. So begann sie sich eine ganz schlimme Krankheit, ja vielleicht sogar den Tod zu wünschen, damit der Vater sich um sie kümmern müßte. Auf diese Weise wollte sie ihn zwingen, ihr seine Liebe zu zeigen.

Die tödliche Krankheit stellte sich Anfang Dreißig ein. Mittlerweile benötigt sie tägliche Pflege, sie muß versorgt und wahrgenommen werden. Die Chancen in der Aufarbeitung dieses Themas standen natürlich gut. Sie lieferte uns ein wichtiges Indiz einer Möglichkeit oder einer Ursache. Die Patientin lernte allmählich zu verstehen, daß der Vater aus seiner damaligen Sicht nicht anders handeln konnte. Durch die Last der Verantwortung, die er für seine große Familie trug, schränkte er seinen Spielraum für gezeigte und gelebte Zärtlichkeit seinen Kindern gegenüber ein.

Er sorgte täglich dafür, daß neun Personen ein Dach über dem Kopf und genug zu essen hatten. Hinzu kamen noch die Kosten für die täglichen Grundbedürfnisse, die Kleidung und die Schulsachen. Diese regelmäßige Fürsorge war seine Form von Liebe, die ihn jedoch dermaßen erschöpfte, daß dadurch seine Fähigkeit schrumpfte, Liebe zu zeigen und auszustrahlen.

Als alle sieben Geschwister erwachsen waren und selbst für sich sorgen konnten, holte er sich einen Teil von der geleisteten Fürsorge zurück. Jetzt war er es, der sich ungeliebt und unbeachtet fühlte. So begann er von seinen Kindern materielle Zuwendung mit folgender Begründung einzufordern: »Ich habe lange genug für euch gesorgt, jetzt seid ihr dran, es wiedergutzumachen.« An ein Kind stellte er allerdings keine Forderungen, an meine Patientin nämlich. Er versorgt sie teilweise sogar.

Nachdem die Patientin für die Handlungsweise des Vaters nach und nach Verständnis aufbringen konnte, gelang es ihr, den lang gehegten Groll und die Wut zögernd loszulassen und ihm zu vergeben. Sie hat gelernt, ihrem Vater zu zeigen, bei welchen Gelegenheiten Gefühle verletzt werden, und ist ihrerseits imstande, ihm zu helfen, sein eigenes Verhalten zu überdenken und zu verändern. So hat sich in diesem Fall die Chance einer tiefen Aussöhnung und emotionalen Verständigung ergeben.

Die Patientin lebt nun nach einem Jahr mit Befunden, die sich nicht verschlechtert haben. Wir können zur Freude mei-

ner Patientin und ihrer Familie mit gebührender Vorsicht
sogar von einer leichten Verbesserung ihres Zustandes sprechen. Wir wissen alle, daß der Tod für sie die letzte Möglichkeit sein wird, um ganz heil zu werden. Ihr ist es jedoch
wichtig, noch eine Weile im irdischen Dasein zu weilen, um
ihren heranwachsenden Kindern das zu vermitteln, wonach
sie sich als Kind bis zur Selbstaufgabe gesehnt hatte, nämlich Gefühle aussprechen zu dürfen und sie frei zu leben.

Nun lernt sie, wie wichtig es für die Erhaltung der Gesundheit ist, die erstarrte Psyche zu lockern, damit Energie
frei fließen kann, um der Lebendigkeit Ausdruck verleihen
zu können. In ihrem Fall tat sich eine gute Chance auf, deren Grenzen allerdings allein beim Anblick ihrer Lähmung
gleichzeitig spürbar sind.

Da diese Patientin in körperlicher Hinsicht aktiv nicht
mehr viel dazu beitragen kann, daß ihre Energie lebenser-
haltend fließt, habe ich sie zu einem Intensivkurs bei meiner
Lehrerin, Rosalyn Bruyere, mitgenommen. Es gelang mir,
unter ihren Schülern ein Therapeutenteam zu finden, das
einmal in der Woche mit ihr arbeitet.

Ich denke, daß die energetischen Behandlungen zusätzlich zur Besserung ihres Zustandes beitragen. Diesen Fall
nun als allgemeingültig für alle anderen ALS-Patienten hin-
zustellen wäre falsch, denn hier stoßen wir an individuelle
Grenzen.

Die **Chancen** zur Erkennung und Aufklärung von psychoso-
matischen Beschwerden liegen eindeutig in der seelischen
Zuwendung, im Verstehen und Annehmen des Patienten.
Hier kann eine verspätete verständnisvolle Abstimmung der
Emotionen zwischen Patient und Therapeut stattfinden.

Deutliche **Grenzen** sind da, wo die Strukturen zu derart gra-
vierenden, lebensbedrohlichen Erkrankungen geführt haben,

daß nur noch die Aussöhnung möglich ist und folglich ein
würdiges Loslassen und Sterben des Patienten. Grenzen tun
sich vor allem auch bei dem weiten Feld der Patienten auf,
die ungeachtet der Tatsache, daß sie ihre Symptome und
deren Ursache erkennen und spüren, einfach nicht loslassen
wollen.

Sie sind in diesem Muster heimisch geworden, klagen
wehleidig, wechseln ständig den Therapeuten, benutzen
letzten Endes ihr Leiden bzw. Pseudoleiden, um Zuwendung
und Aufmerksamkeit zu erheischen. Wer kennt nicht die
»Pappenheimer«, die alle Versuche, sich zu wandeln, schon
aus Angst ablehnen, weil sie bisweilen sogar ahnen, es
könnte sich tatsächlich etwas ändern. Das könnte unter Umständen bedeuten, daß auch liebgewonnene Gewohnheiten
und Bequemlichkeiten entfallen. Diese Menschen fordern
ständig Hilfeleistungen, weil sie sich und die anderen glauben lassen wollen, allein seien sie zu schwach. Dadurch
pressen sie anderen Menschen vielfach regelrecht Hilfsdien-
ste ab. Beim zwischenmenschlichen Engagement, gleichgültig ob im Rahmen einer professionellen Hilfeleistung oder
der Nachbarschaftshilfe, ist es wichtig, darauf zu achten, wo
Grenzen zu setzen sind, um das eigene Energiefeld vor Ener-
gieräubern zu schützen.

5. Wichtige Symptome von A bis Z und deren mögliche psychosomatische Bedeutung

Abszeß

Ein Abszeß ist die Folge, wenn über einen längeren Zeitraum eine tiefe Kränkung und seelische Verletzungen erfolgt sind, wodurch das Selbstwertgefühl untergraben worden ist. Daraus resultieren wütende und zornige Gedanken, die sich an einem oder mehreren Punkten des Körpers als geballte Ladung Wut in Form von einem oder mehreren Abszessen zeigen. Abszeßbildung ist eine Möglichkeit, Wut schmerzhaft sichtbar zu machen.

Afterbeschwerden

Über den After haben wir die Möglichkeit, sämtliche Abfälle und Gifte aus unserem Körper zu entsorgen. Im Traum wird uns häufig gezeigt, daß wir eine Menge von bedrückendem seelischen Müll angehäuft haben. Träume dieser Art handeln von Ausscheidungen und der Verschmutzung aufgrund dieses Mülls. Erkrankungen im Afterbereich können ein Hinweis sein, daß die seelische Entsorgung gestört ist.

Akne

Es fällt dem Betreffenden schwer, sich zu mögen, liebevoll zu sich und zu seinem Körper zu sein. Unter Umständen kann auch eine unbewußte Berührungsangst dazu führen, sich durch Pickel vor Körperkontakt zu schützen. »Rühr mich nicht an, ich bin zu häßlich. Ich bin mir nicht sicher, was geschieht, wenn ich Berührung zulasse.«

Alkoholismus

Der Alkoholiker hat ein erheblich gestörtes Selbstbewußtsein
und ist außerstande, sich ohne Alkoholkonsum wirklich zu
entspannen. Daher braucht er den Rausch, um Konflikte und
Druck loslassen zu können. Er nimmt die beruhigende Farbe
Blau in Form von Alkohol in sich auf. »Ich bin blau.« Die
Charakterstruktur eines alkoholabhängigen Menschen zeichnet sich durch ein gestörtes Selbstwertgefühl, Minderwertig-
keitskomplexe und die Angst, verlassen zu werden, aus.

Allergien

Auf wen oder was bin ich allergisch? Es gibt durchaus seelisch bedingte Allergien, was einen Therapeuten jedoch
nicht verleiten sollte, heute nur auf diese Ursachen zu
schauen. Allein durch die Umweltbelastung, die bereits in
der Muttermilch sowie in der Nahrungskette und der Atemluft vorliegt, eröffnen sich viele krankmachende Möglichkeiten, welche das menschliche Immunsystem auf eine falsche
Fährte setzen. Diese Faktoren dürfen wir nicht außer acht
lassen. Sicher ist damit der rasante Anstieg von immer neu-
en Allergien zu erklären.

Anämie (Blutarmut)

Ein Mangel an roter Farbe bedeutet stets, daß die rote Energie nicht ausreichend fließt und folglich auch nur unzurei-
chend zur Verfügung steht. Es fehlt die Festigkeit im Leben.
Menschenblut ist rot, diese Farbe steht für Vitalität. Es
kann ein Zeichen von Mangel an Freude und Angst vor
dem gesunden Fluß des Lebens sein, eventuell in Verbindung mit zu kritischem Verhalten sich selbst und anderen
gegenüber.

Angst

Wahrscheinlich wurde das Urvertrauen schon in frühester Kindheit oder bereits im Mutterleib gestört, was durch traumatische Erlebnisse wie etwa Liebesentzug oder durch seelischen Druck ausgelöst worden sein kann. Das zentrale Thema ist die Angst vor dem Tod. Dadurch wird die Lebendigkeit verleugnet und der Tod frühzeitig unbewußt vorweggenommen.

Armbeschwerden

Die Arme zeigen uns, wie zärtlich, zupackend und handlungsbereit wir sein können. Der Bereich der Arme steht für Umfangen, Halten und Geben. Mit unseren Armen halten wir auch unsere Lebenserfahrungen fest.

Arteriosklerose (Verkalkung der Gefäße)

Durch psychische Enge und Sturheit und durch die Weigerung, tolerant auf die Eigenschaften anderer Menschen zu reagieren, kommt es zu den gleichen Symptomen der Starre und Enge in unseren Gefäßen. Es ist die Weigerung, das Gute vorrangig anzuschauen und in uns fließen zu lassen.

Arthritis

Dies ist ein Zeichen unterdrückter Sexualität, das heißt, die wahren sexuellen Bedürfnisse (statt Wünsche) und Sehnsüchte werden nicht gelebt und geäußert. Der Mensch gibt seine eigene Macht und Kraft auf. Er fühlt sich unverstanden und nicht geliebt, glaubt, ausgenutzt zu werden, und kritisiert an allem und jedem herum.

Asthma

Häufiger Auslöser für Asthma ist erstickende Liebe, übertriebene Fürsorglichkeit oder zuviel Druck von seiten der Mutter oder des Vaters. Dadurch verlernt der Mensch das richtige, gesund erhaltende Durchatmen, was ihn befähigt, den eigenen Raum zu spüren und wahrzunehmen, ihn mit sich selbst auszufüllen, mit seiner Vitalität, seinen Träumen und Hoffnungen. Es steckt tiefe Enttäuschung in ihm, er will oder kann innerlich nicht nein sagen, aber er droht an dieser Unfähigkeit zu ersticken. Die Lunge steht für Traurigkeit und Eifersucht. Bei Kleinkindern kann die Angst vor dem Leben, wie es sich ihnen unter den gegebenen Umständen zeigt, ein Grund für Atemprobleme sein. Das asthmakranke Kind will nicht auf Erden bzw. nicht im Körper sein.

Atemprobleme

Der Atem ist unsere Hauptenergiequelle. Wenn wir nicht ausreichend atmen, entstehen in unserer Energieversorgung Blockaden, was zu Krankheit und Schwäche führt. Es ist unsere Verbindung zwischen Erde und Himmel. Angst läßt uns nicht richtig atmen; damit weigern wir uns, kräftigende Energie durch uns, in uns und mit uns fließen zu lassen. Wir machen uns eng, weil wir glauben, dadurch sei unsere Angriffsfläche nicht so groß. In Wirklichkeit werden wir eng und starr.

Bindehautentzündung

Wer an Bindehautentzündung erkrankt, will vor Wut und Enttäuschung etwas nicht mehr anschauen. Es ist Protest und Aggression auf Situationen oder Personen. Man schließt die Augen, damit das, was man sieht, einem seelisch nicht weh tun kann. Hier wird Vogel-Strauß-Politik betrieben.

Bandscheibenvorfall

Der Mensch fühlt sich von anderen unverstanden und im Stich gelassen. Beschwerden im Bereich der Lendenwirbelsäule stehen im Zusammenhang mit dem Thema Partnerschaft. Hier stellen sich folgende wichtige Fragen: »Wie stark und wehrhaft ist mein Kreuz, um meine persönlichen Probleme zu tragen? Habe ich etwa das Gefühl durchzubrechen?« Beschwerden in der Lendenwirbelregion deuten auf Partnerschaftsprobleme hin, wie beispielsweise ein Pflegefall in der Familie, der Tod eines Partners oder Kindes bzw. auch Ärger mit Kollegen oder Vorgesetzten.

Bauchspeicheldrüse (Entzündung)

Die Bauchspeicheldrüse steht für die Süße des Lebens. Der Erkrankte tut gut daran, sich folgende Fragen zu stellen: »Wann habe ich das Gefühl für die Süße des Lebens verloren? Und wie reagiere ich auf diese vermeintliche Feststellung?« Die Bauchspeicheldrüse ist zugleich der Ort, an dem wir ungeklärte Konflikte und nicht stattgefundene überfällige Abschiede wie in Schubläden speichern.

Bettnässen

Bettnässer weinen über die Blase. Die am Tag gespeicherten Aggressionen, die das Kind aus Angst vor Bestrafung oder vor falscher Auslegung seiner Wünsche von seiten der Erwachsenen sich nicht auszuleben und auszudrücken getraut, werden nachts über die Blase freigesetzt.

Blasenentzündung

Der Erkrankte ist stocksauer bezüglich einer Sache. Es mag sich beispielsweise um eine Situation handeln, in der er ängstlich verharrt, anstatt mutig vorzugehen, oder dieser Mensch hat Schwierigkeiten loszulassen und fürchtet die Erfahrung, daß Vergeben und Loslassen weh tun könnte. Der Betroffene hat sich entschlossen, lieber schmerzhaft an den alten Mustern festzuhalten.

Bluthochdruck

Wer unter Bluthochdruck leidet, trägt ungelöste Konflikte in Form von Druck in sich. Er fühlt sich durch Situationen oder Personen unter Druck gesetzt, verspürt Wut und Zorn, die körperlich nicht ausreichend abgebaut werden. Es kommt zu einem Stau. Der Hypertoniker entwickelt ein Wiederholungsmuster, demzufolge er mit erfahrenem Ärger umgeht. Kein Vorfall wird wirklich geklärt. Kleinste Anlässe genügen, um ihn an seine verdrängte Wut und Ärgersituationen zu erinnern. Und schon beschleunigt sich der Herzrhythmus, jedoch ohne daß dabei mehr Blut umgewälzt wird. Durch den Blutstau entsteht zu hoher Druck. Es bildet sich ein Ungleichgewicht zwischen der zur Verfügung gestellten Kraft und der Weigerung, diese weiterzuleiten, um den Druck loszuwerden.

Bronchitis

Ich huste dir was, weil ich innerlich aggressiv auf dich oder meine nähere Umgebung bin. Ich ertrage den Streit oder die Art der Auseinandersetzung in meiner Familie oder der nächsten Umgebung nicht. Ich ziehe mich durch Husten und Schweigen zurück.

Durchfall

Wer unter Durchfall leidet, hat Angst, eine bestimmte Situation seines Lebens nicht meistern zu können, Angst vor Ablehnung, Angst, nicht gut genug zu sein, Angst, Verluste zu erleiden, sei es der Verlust von vertrauten Menschen oder auch von materiellen Gütern.

Ekzem

Ekzeme sind die Folge von mentalen Ausbrüchen eines Menschen, der sich in seiner Haut nicht wohl fühlt. Über das Ekzem kommen die Gegensätze zwischen Wunschvorstellung und wirklichem Erleben zum Ausdruck.

Erkältung

Eine Erkältung tritt bei völliger Überlastung oder Übermüdung ein. Wer zuviel auf einmal bewältigen will, mindert seine Bereitschaft, sich wirklich zu entspannen bzw. seine Fähigkeit zu meditieren geht verloren, die er jedoch braucht, um neue Kraft zu schöpfen. Unter Umständen führt auch die Überzeugung, ohnehin krank zu werden, eine Erkältung herbei.

Fußpilz

Wer unter Fußpilz leidet, hat Angst, enttäuscht zu werden und nicht angenommen zu sein. Der Erkrankte macht sich durch seinen Unwillen, leichten Schrittes durch das Leben zu gehen, um voranzukommen, unnötig das Leben schwer.

Gallensteine

Gallensteine sind Wut und Zorn, die zu Steinen geworden sind. Wenn ein Mensch außerstande ist, derlei elementare Emotionen sinnvoll über den Körper auszudrücken, sondern seine aufschäumende Wut auf zerstörerische Art auslebt, die

auf ihn und seine Mitmenschen verletzend wirkt, kann die
Folge Verbitterung sein – Gallensaft ist bitter –, und es
kommt zur Steinbildung. Negative Gedanken und festgefah-
rene Vorstellungen können ebenso die Ursache sein.

Gastritis

Niederdrückende und aggressive Gefühle schlagen auf den
Magen des Menschen, der das Negative geradezu magisch
anzieht und außerstande ist, es zu verdauen. Statt dessen
frißt das Unverdaute sich schmerzhaft in ihm fest. Die Folge
davon sind Nervosität, Unausgeglichenheit, der Drang, die
Dinge überstürzt regeln zu wollen, vermischt mit der Angst,
nicht alles schaffen zu können. Aus diesen Gründen reagiert
der Betreffende sauer.

Gedächtnisschwund

Wer unter Gedächtnisschwund leidet, will nicht mehr alles
genau mitkriegen, was im wirklichen Leben geschieht. Der
Mensch möchte nur noch die Dinge behalten, an die er sich
gern erinnert. Unwichtiges wird von ihm verdrängt, wodurch er sich unbewußt abhängig macht von Merkzetteln
oder von Menschen, deren er als Krücke bedarf. Die wiederum ersetzen unbewußt den Teil des Gehirns, der nicht mehr
alle Eindrücke speichert. Der abhängig Gewordene reduziert
sein Wahrnehmungsvermögen zusehends.

Gelähmtheit

Das ist eine Form des Widerstands gegen den leichten Fluß
des Lebens. Durch bestimmte Situationen und Personen, die
Angst und Schrecken verbreiten, fühlt man sich wie ge-
lähmt.

Gleichgewichtsstörungen

In diesem Fall sollte man sich die Fragen stellen: »Wodurch und weshalb schwankt der Boden unter meinen Füßen? Wo fehlt mir der rechte Halt? Wer oder was hat mich aus dem Gleichgewicht gebracht?«

Haarausfall

Spannungen und Nervosität, Überbelastung durch neuartige, schwer erträgliche Situationen oder durch Krankheiten. Dahinter kann der Wunsch stehen, alles unter Kontrolle halten zu wollen, und generelles Mißtrauen gegenüber dem Leben.

Halsprobleme

Wer an Halsbeschwerden leidet, hat Zorn geschluckt und ist unfähig, seine Wünsche und Probleme zu erkennen und sie auszusprechen, um sie in der Folge aufzuarbeiten. Die Stimme signalisiert die Bedürftigkeit des inneren Kindes. Gefühle, die im Herzen wahrgenommen werden, können nicht nach außen vermittelt werden. Sie bleiben im Halse stecken.

Herzprobleme

Das Herz als Zentrum menschlicher Liebe signalisiert Unregelmäßigkeiten in seiner Leistungsfähigkeit, wenn langanhaltende emotionale Probleme vorliegen. Es mangelt an Freude und Liebe. Streß, Druck und Spannungen in uns und um uns verhärten unter Umständen unsere Empfindungen.

Husten

»Ich huste dir oder euch etwas. Hört mir und meinen Problemen doch endlich zu.« Es sind verdeckte Aggressionen, die durch das Husten zum Ausdruck gebracht werden. Unbehaglichkeit in bestimmten Situationen; zum Beispiel wird während eines Konzerts um die Wette gehustet, obwohl kaum jemand ernsthaft krank ist. Husten ist auch häufig eine Geste der Verlegenheit. In Situationen, in denen ein Mensch sich unwohl fühlt, sucht er sich hinter dem Husten zu verbergen, damit er keine Stellung zu bestimmten Fragen oder Problemen zu beziehen braucht.

Hüftleiden

In Hüftleidenden herrscht ein inneres Ungleichgewicht, wenn Entscheidungen anstehen, die sie vorwärtsbringen sollen. Sie haben Angst, einen oder mehrere wichtige Schritte nach vorn zu gehen.

Impotenz

Bei Impotenten liegt ein vermindertes Selbstwertgefühl vor, ausgelöst durch unsensibles Verhalten der Partnerin, Leistungsdruck und die eigene Erwartungshaltung. Mitunter baut das derart gravierende Spannungen auf, daß Schuldgefühle entstehen, die wiederum sexuelles Versagen begünstigen.

Ischias

Bezeichnenderweise tragen Männer ihr Portemonnaie gewöhnlich an den Ischiaspunkten in den Gesäßtaschen ihrer Hose. Der Ischias hat mitunter etwas mit bewußter oder unbewußter Angst bezüglich der Finanzlage und ebenfalls mit Partnerschaftsproblemen zu tun.

Juckreiz

»Ich fühle mich in meiner Haut nicht wohl. Mir juckt das Fell. Ich kratze mich, bis ich blute, um mir ein Ventil zu schaffen, das meinen seelischen Druck verringert.« Auf diese Weise wird über die Haut Entlastung erlangt.

Knieprobleme

Es fällt schwer, einen oder den nächsten wichtigen Schritt zu tun. Die Knie beugen zu können ist ein Zeichen von Demut und Flexibilität, aber auch ein Zeichen von Fitneß für das Leben. Als Ursache bei Knieproblemen kommen gespeicherte Geschwisterkonflikte in Frage. Diese Symptome sind auch ein Hinweis auf stures Verhalten und Unnachgiebigkeit.

Kopfschmerzen

»Etwas macht Kopfzerbrechen. Man hat den Kopf voll. Mein Kopf platzt gleich.« Kopfschmerzen sind oft Ausdruck von verdrängten Wünschen und innerer Spannung, Müdigkeit, Überlastung, passivem Verhalten und Erdulden von Streßsituationen. Migränepatienten invalidisieren sich, weil sie ihren eigenen Leistungsanspruch und den von außen an sie gestellten nicht mehr erfüllen können oder wollen. Wenn sie total einsatzunfähig sind, haben sie die legitime Genehmigung, sich zurückzuziehen. Unterdrückte Aggressionen und unerfüllte Wünsche führen oft spontan zu akuten Migräneanfällen. Bei Frauen kommt auch häufig verdrängte oder disharmonisch gelebte Sexualität als Ursache in Frage. Sogenannte Wochenendmigränen können Flucht vor der Beschäftigung oder der Auseinandersetzung mit dem Partner signalisieren.

Krämpfe

Krampfartige Verspannungen signalisieren Angst und Festhalten an alten, starren Mustern. Das ganze Leben wird als Krampf angesehen. Freundlichkeiten, Güte und Liebe, die uns das Leben schenkt, können nicht wirklich angenommen werden. Ständig wiederholen sich die Erinnerungen an alte seelische Verletzungen, die nicht verziehen und losgelassen werden können. Wer zu Krämpfen neigt, reagiert mitunter empfindlich auf Kritik.

Krebs

Das ist meist die Folge von langfristigen seelischen Verletzungen. Tumoren in den weiblichen Genitalzonen, wie zum Beispiel in den Brüsten und der Gebärmutter, sind das Ergebnis jahrelanger Demütigung der betroffenen Frau. Die Entstehungsursachen von Krebs sind mitunter gegeben, wenn Angehörige unterschiedlicher Generationen jahrelang in einem Haushalt zusammenleben. Krebsgefährdet sind die Familienmitglieder, die von unterschwelligen Zornschichten und hinuntergeschluckten Aggressionen umgeben sind, die bei dieser Art des Zusammenlebens entstehen können. Der nicht verwundene Tod eines Kindes und die unbewältigte Trauer und Schuldzuweisung an diesem Tod kann ein Auslöser sein oder jahrelange Partnerschaftskonflikte, bei denen das Selbstwertgefühl der Patientin ständig geschmälert worden ist. Wenn die Brust als nährende Quelle unentwegt zur Verfügung gestellt wird, Frauen nicht aufhören, ihre Kinder, ihren Mann und die Umwelt nähren und stillen zu wollen, können sie von einem derart dramatischen Krankheitsbild aufgezehrt werden.

Leberbeschwerden

Wer kennt nicht die geflügelten Worte: »Mir ist eine Laus über die Leber gelaufen.« Oder: »Er oder sie spuckt Gift und Galle.« Die Leber ist demnach der Ort, an dem sich Wut und Zorn heimisch fühlen. Sie ist ebenfalls das Organ, das uns Kraft spendet, damit wir uns wehren können. Die Leber gibt uns die Möglichkeit, Gifte unschädlich zu machen. Unserem vergiftenden Zorn können wir mit körperlicher Aktivität antworten und ihn auf diese Weise abbauen. Leberprobleme signalisieren, daß man Fehler bei anderen sucht, wodurch man einer permanenten Selbsttäuschung unterliegt.

Lungenentzündung

Die Lunge ist das Organ der Freiheit und der Verantwortungsübernahme und zugleich der Sitz der Trauer. Kinder aus Ehen, in denen beide Eltern oder ein Elternteil mit Unzufriedenheit, ewigem Meckern oder Nörgeln und Ungeduld die Atmosphäre vergiften, fühlen sich häufig zu sehr verantwortlich und reagieren mit Trauer. Man nimmt ihnen buchstäblich die Luft zum Atmen.

Magengeschwüre

Patienten mit Magengeschwüren reagieren im wahrsten Sinne des Wortes sauer. Situationen liegen schwer im Magen und werden schlecht verdaut. Sie »ärgern sich ein Loch in den Bauch«. Der Mensch hat Angst, den Anforderungen des Lebens nicht gewachsen zu sein, auch Angst vor der Verantwortung, die er wiederum perfekt tragen will. Dieser Mensch ist ehrgeizig und hat oft Schwierigkeiten, Liebe zu zeigen. Gleichzeitig hungert er nach vollem, sattem Genuß, gestattet sich diesen jedoch nicht, weil er glaubt, nicht imstande zu sein, ihn zu verdauen. Er befürchtet, daß das Vergnügen so-

zusagen eine Nummer zu groß für ihn ist. Obendrein fürchtet er Zurücksetzung und Demütigung. Es verfolgt ihn die
Angst, gefressen zu werden, von wem oder wodurch auch
immer.

Magersucht

Das kann eine Weigerung sein, Verantwortung zu übernehmen, vor allem für die eigene Vitalität. Es ist eine drastische
Absage an das Leben, die sogar Selbstzerstörung in Kauf
nimmt. Es ist die Verweigerung der Fruchtbarkeit, eine Absage an die Fortpflanzung und zugleich Selbstbestrafung.

Nackenprobleme

»Ich trage mein Kreuz. Ich schaffe es nicht mehr, die Last auf
meinen Schultern zu tragen. Mir sträuben sich die Nacken-
haare. Die Angst sitzt mir im Nacken. Ich kann mich nicht
behaupten.« Schutzsuchend wird der Kopf zwischen die
Schultern eingezogen. In diesem Fall wurden alte traumatische Verletzungen in der Schultermuskulatur gespeichert.
Viele mißbrauchte Kinder und Erwachsene leiden unter
einem ständig schmerzenden Nacken-Schulter-Syndrom.
Nicht abgebauter Zorn, Erwartungshaltungen, Angst vor
Autorität werden hier als schmerzhafte Verspannungszu-
stände gespeichert.

Nasennebenhöhlen (Probleme, Beschwerden)

Sie deuten auf Aggression oder Gereiztheit gegenüber einer
nahestehenden Person oder Situation. »Ich habe die Nase
voll. Ich kann dich nicht mehr riechen.«

Nierenentzündung

Die paarig angelegten Nieren sorgen im gesunden Zustand für die Balance zwischen den positiven und negativen Energien. Wer unter Nierenentzündung leidet, spiegelt Ängste bezüglich der Partnerschaft wider. »Das geht mir an die Nieren.« Die Nieren filtern unsere Ängste oder materialisieren diese zu Steinen. Enttäuschungen, Kritik und Versagen sind die Ursache von Nierenleiden.

Ohrensausen

Druck und Streßfaktoren zwingen den an Ohrensausen Leidenden, wieder auf die innere Stimme und seine eigentlichen Bedürfnisse zu lauschen. Der Betroffene tendiert dazu, zu starr an seiner Meinung festzuhalten. Es fehlt die Leichtigkeit im Umgang mit sich und die Toleranz zu anderen Menschen mit unterschiedlichen Lebenseinstellungen.

Ohrenschmerzen

Sie sind vor allem bei Kindern ausgeprägt und treten sich ständig wiederholend auf, sofern sie es ablehnen zuzuhören, vor allem dann, wenn die Eltern sich streiten und emotionale Streßsituationen im Elternhaus vorherrschen. Die Ohrenleidenden weigern sich, an Auseinandersetzungen teilzunehmen. Es schmerzt nicht nur in den Ohren, sondern auch in der Seele.

Rückenprobleme

Der Mensch fühlt sich nicht ausreichend geliebt und emotional nicht unterstützt. In ihm findet kein harmonischer Austausch zwischen den Gefühlen des Gebens und des Nehmens statt. Der Rückenleidende nimmt eine starre Haltung ein.

Ständiger innerer Druck und Angst führen zu einer Dauer-
spannung in der Muskulatur, dies wiederum führt zu Folge-
schäden durch Umformung des Skeletts.

Schilddrüsenerkrankungen

Sie drücken eine Belastung aus, hervorgerufen durch einen
mißverstandenen Verantwortungsbegriff. Betroffene verleugnen ihre feindseligen Gefühle. Sie haben das Bedürfnis,
umsorgt zu werden. Aggressive Impulse werden unterdrückt,
bleiben sozusagen im Hals stecken und lassen ihn anschwellen.

Schlaflosigkeit

Wer unter Schlaflosigkeit leidet, hat Angst, sich dem kleinen
Bruder des Todes, dem Schlaf, anzuvertrauen. Er will kontrollieren, fürchtet, etwas zu verpassen, leidet unter Ängsten
und enormen Spannungsgefühlen. Er ist nicht imstande, bestimmte Situationen loszulassen.

Schwindelgefühle

»Wo schwindle ich? Wann, wie und wo schwindelt es mir?
Wodurch habe ich den festen Halt verloren?« Wer unter
Schwindelgefühlen leidet, hat eine mangelnde Erdung. Ihm
ist der Kontakt mit dem Boden der Tatsachen verlorengegangen.

Verstopfung

Wer unter Verstopfung leidet, kann nicht loslassen. Er hält
vor allem an alten Vorstellungen fest, ist ihnen verhaftet, ist
überkritisch und rasch dabei, andere zu verurteilen. Verstop-

fung drückt die Weigerung aus, etwas von den alten Mustern herzugeben.

Wechseljahrbeschwerden

Angst vor dem Verlust der Fruchtbarkeit, Angst, von ihr entbunden zu werden und dadurch den Verlust der Weiblichkeit zu erleiden. Angst vor dem Alterungsprozeß, Befürchtung, nicht mehr attraktiv zu sein.

Zysten

Zysten sind gesammelte Tränen. Allein schon die Form von Zysten läßt diese Vermutung zu. Zysten sind ein Hinweis darauf, daß sich wiederholende Muster und Verletzungen aus der Kindheit vorliegen.

6. Organe und ihre psychosomatischen Botschaften – mit Fallbeispielen

Herz

Das Herz ist das Zentrum der Gefühle und unserer Liebesfähigkeit. An diesem Ort finden Transformationen statt. Begriffe wie »stolzes Herz«, »kaltes Herz«, »mitfühlendes Herz« und »liebendes Herz« sind uns aus Erfahrung hinreichend bekannt. In erster Linie steht das Herz für Vertrauen, Beständigkeit und Liebe. Die negativen Aspekte sind Zweifel, Gier und Verwirrung.

Das Herz wirkt auch als Speicher für überpersönliche Stammesgefühle und die Erinnerung an unseren spirituellen Ursprung. Es dient der Wiedergeburt und liefert den Mut, sich zu wandeln. Die Werte des Herzens erfüllen die Kunst des Lebens. Eine weise Art zu leben öffnet das Herz. Ein Beispiel dazu: Ich gebe, ohne zurückzufordern oder etwas zu erwarten. In einer herzlichen Atmosphäre gedeihen und wachsen Kinder und Jugendliche emotional gut und sind dadurch kaum suchtgefährdet.

Im Herzen liegen die Ursachen für Symbiosekrankheiten. Bei diesen Erkrankungen stimmt die Relation zwischen Geben und Nehmen nicht mehr. Sofern sich Koabhängigkeit entwickelt hat, entstehen in den Herzkranzgefäßen Engpässe. Daraus erfolgt eine Mangeldurchblutung und Mangelversorgung der Herzmuskeln mit Sauerstoff, woraus wiederum das Krankheitsbild der Angina pectoris hervorgehen kann.

Wir leben in einer Kultur der gebrochenen Herzen. Liebesgefühle spüren oder gestatten wir uns häufig nur im Beisammensein mit einem Partner und in Ausübung der Sexualität. Alle weiteren Angelegenheiten des Lebens werden kopflastig abgehandelt. Das Herz verhungert und erleidet Mangel, und es treten die oben geschilderten Symptome auf.

Fallbeispiel
Magdalene besuchte ein Jahr nach dem Tod ihres einzigen Kindes als Patientin meine Praxis. Im Alter von neun Jahren war ihr Sohn an einem tödlich endenden Stoffwechselleiden erkrankt. Im Laufe der folgenden Jahre wurde er ein Schwerstpflegefall. Todkranke Kinder spüren ihre existenzbedrohende Situation, was sie veranlaßt, schon in jungen Jahren ihre Weisheit auszudrücken. Dies befähigt sie, ihre trauernden Eltern zu trösten und ihnen den unabwendbaren Tod offen nahezubringen.

Magdalene entwickelte in den darauffolgenden zehn Jahren, bis zum Tod ihres Sohnes, eine immerwährende konstante Liebe zu ihrem Kind und verbrachte viel Zeit in trautem Beisammensein mit ihm. Sie trug ihn noch mit achtzehn Jahren auf die Toilette, und kein Handgriff war ihr zuviel. Der Wettlauf mit der Zeit bewegte sie, Hilfsbereitschaft und Fürsorge zu zeigen.

Das Leben in dieser Familie drehte sich zwangsläufig um das behinderte Kind. Der Bekanntenkreis reduzierte sich auf andere Eltern mit behinderten Kindern. Alle anderen Dinge wurden unwichtig. Es standen weder Kraft noch Zeit zur Verfügung, in anderer Weise wahrzunehmen oder sich auf neuartige Erlebnisse einzulassen.

Als Magdalene zu mir kam, litt sie unter einer tiefgreifenden Trauerdepression, da sie mit dem Tod ihres Sohnes ihre wichtigste Aufgabe begraben hatte. Während ihr Mann seine

Trauer mit Aktivitäten außerhalb dieses Themas zu bewältigen versuchte, war Magdalene in dieser Problematik gefangen.

Sie rief eine Selbsthilfegruppe ins Leben, um sich weiterhin mit dem Thema Stoffwechselerkrankung und Behinderung beschäftigen zu können und ihre Erfahrungen mitzuteilen. Durch Magdalenes Aktivität blieb dieses Krankheitsbild auch nach dem Tod ihres Sohnes das Hauptthema ihrer Familie.

Ihre Trauerdepression gestaltete sich zu einem Ritual. Ihr Sohn war im August gestorben. In den darauffolgenden fünf Jahren bekam sie regelmäßig ab Ende Juli dieselben Symptome. Es kostete sie jeweils etwa zwei bis drei Monate, bevor es ihr wieder besser ging, danach blieb sie meiner Sprechstunde wieder fern bis zum nächsten Jahr.

Das letzte Mal, als sich der Todestag zum fünften Mal jährte, schien sie besonders betroffen zu sein. Vor mir saß nun eine körperlich und seelisch total erschöpfte Frau. Die Frage, ob sie Kummer oder Belastungen durch ihren Mann oder im Job hätte, verneinte sie hartnäckig. Es gelang mir nicht, sie zu stabilisieren. Meinen Vorschlag, zusätzlich einen Arzt zu Rate zu ziehen, lehnte sie ab.

Anfangs glaubte ich, es läge an dieser magischen Zahl des fünften Todestages, an dem sie schmerzhaft erkannte, daß all die Freunde ihres Sohnes, mit denen zusammen er noch sein Abitur bestanden hatte, inzwischen in das Berufsleben eintreten. Ihr wurde wohl die Tatsache bewußt, daß die Überlebenden sich alle weiterentwickelt haben und ihr Sohn nicht mehr daran teilhaben konnte.

So nebenbei erzählte sie mir, daß ihr Mann bald fünfzig Jahre alt würde und ein relativ großes Geburtstagsfest geplant sei. Für diesen Anlaß wollte sie unbedingt fit sein, da sie auch diesmal alle Vorbereitungen allein durchzuführen gedachte. Meinen Rat, sich in ihrem derzeitigen Zustand Hilfe zu holen, nahm sie nicht an. Sie bat mich aber, ihr einen Tag vor dem Geburtstag eine Aufbauspritze zu geben. Anschließend führe das Ehepaar sowieso in den Urlaub nach Frankreich, wo sie sich endlich erholen könne.

Es war das letzte Mal, daß ich Magdalene gesehen habe. Eine Freundin von ihr rief mich einige Wochen später an, um mir mitzuteilen, daß Magdalene im Urlaub an Herzversagen gestorben sei. Sie wurde nur vierundvierzig Jahre alt.

Was war geschehen? Im Urlaub konfrontierte ihr Mann sie mit seinem Entschluß, sie zu verlassen. Er ertrage das Trauerhaus zu Hause nicht länger, er wolle endlich wieder lachen und leben dürfen, ohne diese Todesschatten, die er täglich durch ihre Gegenwart zu spüren bekäme. Er habe sich in eine dreiundzwanzigjährige Studentin verliebt und wolle mit ihr zusammenleben. Gespürt hatte Magdalene diese Situation wohl. Deshalb war es mir auch nicht gelungen, sie zu stabilisieren. Sie wollte und konnte nicht mehr.

Die energieraubende Angst und die entnervende Gewißheit, daß sie verlassen werden würde, hatten sie in den erschöpften Zustand versetzt. Für sie bedeutete die Trennung von ihrem Mann Abschied von dem Menschen, der alles gemeinsam mit ihr durchlebt und getragen hatte. Er stellte die letzte lebende Verbindung zu ihrem gemeinsamen Kind dar. Ihn zu verlieren war gleichbedeutend mit dem Tod.

Noch eine weitere herzzerreißende Tatsache kam hinzu. Die Geliebte ihres Mannes war genauso alt, wie ihr Sohn inzwischen wäre. Vielleicht holte er sich durch diese Beziehung unbewußt das verlorene Kind zurück. Magdalene ist daran gestorben. Sie hat sich einfach hingelegt und ist zu ihrem Sohn gegangen. Mir hatte sie ihre wirkliche Verfassung verschwiegen, sicher, weil sie nicht mehr bereit war, sich in Gesprächen auseinanderzusetzen über die unter-

schiedliche Art, wie sie und ihr Mann ihre Trauer ausdrück-
ten, wie stark seine und ihre Vorstellungen über die Gestal-
tung einer gemeinsamen lebenswerten Zukunft nach dem
erlittenen Verlust divergierten. Magdalene hat wohl all diese Stadien, die der Volksmund bestens kennt, durchlebt; es
drückte ihr das Herz ab und dadurch auch ihre Lebens-
fähigkeit. Ihr Herz blutete, und letzten Endes brach ihr das
Herz und ging verloren im Dickicht von Trauer, Kummer
und Hoffnungslosigkeit.

Lunge

Die Lunge ist der Sitz der psychischen, emotionalen und
mentalen Freiheit. Hier heißt es, Verantwortung zu übernehmen. Wer dazu nicht imstande ist, wie das folgende Beispiel
eines Asthmapatienten zeigt, weigert sich, sich aus der
Abhängigkeit zur Mutter oder einer anderen nahestehenden
Bezugsperson zu lösen.

Die Lunge steht auch für Großzügigkeit, Gerechtigkeit
und Intelligenz. Ihre negativen Aspekte sind Verschlagen-
heit, Eifersucht und krankmachende Traurigkeit. Die Lunge
signalisiert eine tiefe Sehnsucht nach Kontakt und echter
Zuneigung. Reagiert man auf bestimmte Menschen und
Situationen allergisch, wird die lebensnotwendige Atmung
und damit die Energiezufuhr in erheblichem Maße beeinträchtigt.

Die Lunge steht für die Fähigkeit, sich freizumachen und
durchzuatmen, auftauchende Aggressionen freizusetzen, sozusagen frischen Wind in eine Situation zu bringen. Atem-
störungen als Symptom zeigen mitunter einen zurückgehal-
tenen und verdrängten Protest an.

Fallbeispiel

Eine etwa vierzigjährige Patientin mit zwei halbwüchsigen Kindern wird ein weiteres Mal unverhofft schwanger. Die Patientin trägt sich einige Wochen mit dem Gedanken, einen Schwangerschaftsabbruch vornehmen zu lassen. Ihre stark christlich geprägte Erziehung und die Hoffnung nach zwei Söhnen auf eine Tochter verhindern, daß dieser Gedanke in die Tat umgesetzt wird.

Sie bringt erneut einen Jungen zur Welt. Unverhofft gerät die Familie kurze Zeit später in finanzielle Nöte. Die Mutter bekommt nun von der Großmutter und verdeckt auch von ihrem Mann immer wieder zu hören, ob dieses Kind tatsächlich noch hätte sein müssen, da es ohne diese Belastung leichter gewesen wäre, die heikle finanzielle Situation zu bewältigen. Unbewußt beginnt diese Patientin das Kind, das eigentlich nicht hätte sein sollen, überzubehüten. Der Zwiespalt ihrer Gefühle während der Schwangerschaft und die später folgende finanzielle Krisensituation lassen wiederholte Male Schuldgefühle in ihr aufkommen.

Um ihre Schuldgefühle zu kompensieren, fängt sie an, das Kind übermäßig zu bemuttern. Durch eine überstarke Mutterbindung entsteht das sogenannte Asthmaband zwischen Kind und Mutter. Zwischen Liebesüberschuß, übermäßiger Fürsorge und Zurückweisung entsteht ein Ungleichgewicht. Das Kind bekommt Asthma.

Leber und Galle

Täglich »läuft uns etwas über die Leber«, oder uns »läuft die Galle über«, ausgelöst durch Streß, Wut und Zorn, verstärkt durch Grobheit oder Unfreundlichkeit.

Die Leber ist das Symbol für Lebenskraft und Regenerationsfähigkeit. Sie spiegelt die Fähigkeit wider, wie wir Freude an den Dingen empfinden können. In einigen Kulturen schenkt der Mann, wenn er auf Brautschau ist, seiner Angebeteten als Zeichen von Lebenskraft die Leber eines von ihm erlegten Tieres.

Die Leber verleiht uns die Fähigkeit, freundlich, barmherzig und mitfühlend zu sein. Depressive Patienten haben eine bessere Heilungschance, wenn therapeutische Maßnahmen verordnet werden, die leberentlastend wirken. Das ermöglicht diesem Organ, vorhandene Toxine besser abzubauen, und zwar nicht nur die den Stoffwechsel belastenden toxischen Substanzen, sondern auch solche Giftstoffe, welche die Psyche vergiften. Diese Therapien wirken häufig stimmungsaufhellend und steigern das Leistungsvermögen.

Interessant ist auch, daß die Leber bei positiven psychischen Erfahrungen eine andere, d. h. für den Körper günstigere Zusammensetzung des Gallensaftes produziert, als dies bei streßerzeugenden Situationen der Fall ist (Untersuchung von E. Wittkower).

Ständiger Zorn und Ärger führen allmählich zur Materialisierung der gefürchteten Gallensteine. Es gibt Patienten, die sich über die Fliege an der Wand ärgern, sich ständig in einer gereizten Kampfstimmung befinden und ihren Widerspruchsgeist bei jeder sich bietenden Gelegenheit hervorkehren, bis nach erfolgter Operation ein Chirurg ihnen die Ergebnisse der gesammelten Wut als Gabe präsentiert. Wenn jetzt kein psychischer Lernprozeß einsetzt, wird das Spiel sich auch ohne das auffangende Gallensäckchen fortsetzen.

Diesbezüglich zeichnet sich in den Praxen ein auffallendes Phänomen ab. Die heilungsuchenden Patienten mit dem typischen Beschwerdebild eines Gallenleidens werden zunehmend jünger. Ich habe beispielsweise einen elfjährigen Patienten, der bereits wegen Steinbildung an der Galle operiert worden ist. Dies sind unübersehbare Alarmsignale. Was fehlt den Kindern, daß sie dermaßen an ihren Emotionen haften und anscheinend keine gesunde körperliche Entlastung mehr erfahren?

An erster Stelle möchte ich die Bewegungsarmut nennen. Heutzutage werden Kinder und Jugendliche in die Schule, zum Sport und zu Freizeitaktivitäten gefahren oder fahren selbst. Sie gehen schlicht nicht mehr zu Fuß. Diesem Umstand ist es zu verdanken, daß sie das Geschehen am Wegesrand nicht mehr unmittelbar wahrnehmen. Es mangelt immer stärker an optisch beruhigenden Einflüssen. Die Natur befindet sich ja auch größtenteils in einem Streßzustand.

Das gesunde Maß zwischen Anspannung und Entspannung ist für viele Kinder kaum noch erfahrbar. Nach dem Schulstreß folgt der nervige Heimweg, auf dem die angestauten Aggressionen sich häufig in Form von körperlicher Gewalt entladen. Im Elternhaus findet anschließend weder ein Ausgleich noch die Abstimmung der Emotionen zwischen Mutter und Kind statt. Statt dessen nimmt das Kind mit dem Fernseher vorlieb, um seine gestreßte Mutter nicht zu stören. Wenn es einfach von niemandem und durch nichts emotional aufgefangen wird, wohin soll es sich dann mit all seinem Zorn, seiner Unzufriedenheit und seinem Frust wenden? Sofern diese Gefühle unverarbeitet bleiben, können sie zu Stein werden.

Nieren

Nieren sind ein Partnerschaftsorgan, weil sie als Paar vorhanden sind. Sie spiegeln Polarität wider. Licht und Schatten, Liebe und Haß, Freude und Trauer – diese negativen und positiven Energien und Gefühlszustände balancieren unsere Nieren aus. Sie verflüssigen unsere seelischen Wunden und spülen sie aus dem Körper. Sie erfüllen demnach die Funktion, uns von Giftstoffen zu entlasten.

Wir können die Nieren als Wutfilter betrachten. Sie stehen für Frieden, Zartheit und Weisheit. Die negativen Aspekte sind Angst, Arroganz und die Neigung, in Schwierigkeiten zu geraten. Unter diesen Umständen lebt ein Patient ständig in der Angst, nicht ausreichend verstanden und geliebt oder verlassen zu werden. Es fällt ihm schwer, Entscheidungen zu treffen; weil ihm seine Angst den Mut abschnürt, kann es zu Nierensteinbildung kommen.

Fallbeispiel

Martin verlor seine Mutter bereits im Alter von zehn Jahren. Seit diesem Tag entwickelte er die Angst, auch von seinem Vater verlassen zu werden. Wie bei vielen Kindern, die das gleiche Schicksal – den Verlust eines Elternteils durch Tod – erleiden, empfand er, daß der Rest seiner Familie ihm nicht mehr die Geborgenheit und Stabilität bieten konnte wie zuvor.

Die baldige Wiederheirat des Vaters bestärkte sein Mißtrauen um so mehr. Seine Wahrnehmung und Reaktion darauf war Angst vor weiteren Verlusten und Trennung. Er fühlte sich zu einer Frau, die er kaum kannte, abgeschoben. Es fand zwischen ihr und ihm keine wirkliche Annäherung statt. Er wurde quasi vor vollendete Tatsachen gestellt, mit denen er sich irgendwann notgedrungen abzufinden hatte. Ab diesem Zeitpunkt verließen Martin die immer wiederkehrenden Verlustängste nicht mehr.

Als er eine eigene Familie gründete, vertraute er nach kurzer Zeit seiner Frau nicht mehr. Ständig unterstellte er ihr, daß sie ihn verlassen wolle. Seine Ängste gingen so weit, daß er sogar die Vaterschaft seines Kindes anzweifelte. Er mißtraute jedem Gefühl, er glaubte nicht an Beständigkeit. Bald schon wurde er aufgrund von unklaren Nierenbeschwerden periodisch behandelt. Als seine Frau sich tatsächlich emotional von ihm zurückzog, weil sie diesen ständigen Druck des Mißtrauens nicht mehr auszuhalten vermochte, wurden bald darauf die ersten Nierensteine diagnostiziert. Martin war zu dem damaligen Zeitpunkt nicht in der Lage, seine Ängste und seelischen Wunden zu verflüssigen, um sie dann über die Blase auszuschwemmen. Dazu kam seine Blockade, offen über seine Ängste zu sprechen und Gefühle und Wünsche zu äußern. Er glaubte, daß er, sofern er sich kritisch äußern würde, erst recht nicht mehr geliebt würde, was er mit Verlassenwerden gleichsetzte.

Die Niere ist demnach auch als Sitz aller ungelösten Kindheitsprobleme anzusehen. Martin litt unter einer ansehnlichen Problemhäufung, die ihn veranlaßte, sich in psychotherapeutische Behandlung zu begeben mit der Hoffnung, dadurch seine gestauten, negativen Gefühle zu verflüssigen, wodurch sich die Schleusen öffnen könnten, um einen durchgreifenden Reinigungsprozeß einzuleiten.

Milz

Die Milz dient als wichtiger Schutzwall im Kampf gegen krankmachende Keime. Sie steht für Aufrichtigkeit, Glauben und Kompromißbereitschaft. Ihre negativen Aspekte sind Selbstsucht und Mißtrauen. In der Milz werden Energiereserven für absehbare künftige Invasionen gespeichert und zur Verfügung gestellt. Die Bildung weißer Blutkörperchen findet hauptsächlich in der Milz statt. Hinsichtlich der Abwehr wirkt die Milz quasi als Schutzpatronin des Immunsystems.

Bauchspeicheldrüse

Sie steht für die Fähigkeit, das Gute und die Süße des Lebens
in uns aufzunehmen. Sie verleiht uns das Gespür, wann es
angemessen ist, liebenswert und süß aufzutreten, und wann
nicht. Die negativen Aspekte der Bauchspeicheldrüse sind
Ablehnung, Wut und Enttäuschung. In der Bauchspeicheldrüse speichern wir sämtliche ungeklärten Konfliktsituatio-
nen sowie alle versäumten Abschiede, sei es von einer Person oder von einer Situation. Damit verknüpfen wir wohl
unbewußt den Wunsch und die Hoffnung, daß das Vermö-
gen der Bauchspeicheldrüse, anmutige Lieblichkeit zu verströmen, uns die problembeladenen Sachverhalte verdaulich
aufbereiten möge.

Häufig zeigt sich eine mentale Überlastung der Bauspei-
cheldrüse anhand eines punktuellen, stechenden Schmerzes,
der unmittelbar auf das Organ einwirkt, als ob der Schnabel
eines Vogels unentwegt auf die schmerzende Stelle ein-
hacken würde. Dieses Signal soll dem Betroffenen zweifellos
folgende Botschaft vermitteln: »Schaue endlich in die
verschlossenen Kästchen, räume endlich die überquellenden
Schubladen auf, die prallvoll mit Konfliktstoff und emotional unerledigten Situationen gefüllt sind.«

Magen

Der Magen stellt ähnlich wie das Herz ein Zentrum der Gefühle dar. Er liegt sozusagen mitten in unserem menschlichen Universum. Er steht für Aufrichtigkeit, Glauben und
Kompromißbereitschaft. Seine negativen Aspekte sind
Selbstsucht und Mißtrauen.

Über den Magen nehmen wir die Nahrung auf, das heißt,
wir führen uns Substanzen zu, die es gilt in verwertbarer

Weise dort aufzuspalten. Anschließend absorbieren wir die aufgenommenen Stoffe, um sie in für uns verwertbare Energie umzuwandeln.

Wenn wir diese Vorgänge der Nahrungs- und Flüssigkeitsaufnahme emotional gut einbetten, zum Beispiel in Gefühle der Bekömmlichkeit, in Ruhe und in umfassende Sinneswahrnehmung, verarbeiten wir das Zugeführte leichter. Ungünstig ist, wenn die Nahrungsaufnahme begleitet von Mißtrauen dem Leben, Menschen und der Nahrung gegenüber geschieht und das Essen unachtsam und hektisch verschlungen wird.

Als Folge derart gravierender emotionaler Fehlsteuerung stellen sich mitunter folgende bekannte Krankheitsbilder ein: Übelkeitsgefühle, Erbrechen, Magenschleimhautentzündungen und Magengeschwüre und schlimmstenfalls Magenkrebs. Aus dem Volksmund kennen wir Sprüche wie: »Etwas liegt mir schwer im Magen. Ich bin sauer. Ich kann eine bestimmte Situation nicht verdauen.«

Unverdaute Konflikte, tiefsitzende Aggressionen, brennender Ehrgeiz, übermäßiges Leistungsstreben, einhergehend mit dem Gefühl, nicht alles schlucken zu wollen, äußern sich nicht selten in Form des Symptoms des Völlegefühls. »Es liegt schwer im Magen!« Aus derlei emotionalen, unverdauten Konflikten kann letztlich auch ein negatives Machtgefühl entstehen. In einem solchen Fall handelt der Mensch ohne Abstimmung und Zustimmung der anderen.

Hier findet also ein Machtmißbrauch statt. Die wichtigste Voraussetzung, um etwas gut verdauen zu können, ist allerdings das ausgiebige Zerkauen und Einspeicheln der Nahrung. Daran zeigt sich auch unsere Fähigkeit zur Auseinandersetzung. Wer gut kaut, setzt sich mit den Eindrücken auseinander und demonstriert damit seine Bereitschaft, Dinge auf sich wirken zu lassen, sie anzunehmen und zu verarbeiten.

Der Magenpatient zwingt jedoch seinen Magen, Gefühle zu verdauen, die er auf der äußeren Wahrnehmungsebene verdrängt hat. Der Magenleidende schiebt demnach unerledigte Angelegenheiten auf die Magenstation, die sich auf Dauer dadurch überfordert fühlt, weshalb die Schleimhäute beginnen, sich infolge der andauernden Übersäuerung selbst anzunagen.

Häufig fühlt sich der Betroffene nicht ausreichend geliebt und kompensiert dieses Gefühlsdefizit mit unzureichender, falscher Ernährung in Form von sogenanntem Junk food, mit Nikotinmißbrauch oder Alkohol- und Tablettensucht. Dem Magenkranken ist offensichtlich die Fähigkeit verlorengegangen, sich mit seinen Konflikten angemessen auseinanderzusetzen und sie zu verarbeiten.

Jeder kennt die Redewendung: »Liebe geht durch den Magen.« Damit ist natürlich nicht nur folgende Szene gemeint: Die Frau besorgt das Kochen, der beißwütige Mann genießt ihr zubereitetes Essen und trollt sich sodann gesättigt und friedlich in eine Ecke. Dahinter verbirgt sich die bedeutungsvolle Aussage, daß Gefühle Auseinandersetzung erfordern und verarbeitet, d. h. verdaut werden müssen. Im Zustand der Liebe und des guten Einvernehmens mit uns selbst und den Mitmenschen geschieht dies auf sehr gesunde Weise. Ist das der Fall, antworten der Verdauungstrakt und alle dazugehörigen Organe mit einer positiven Verdauungsleistung, die auf bekömmlichere Art vonstatten geht.

Zahlreichen Magenpatienten scheint ein Rückfall in kindliche Verhaltensformen die einzige Möglichkeit zu sein, sich aus ihrer Verantwortung zu stehlen. Sie fangen an, Breinahrung bzw. Schonkost zu essen oder lediglich zerkleinerte Lebensmittel zu sich zu nehmen. Sie fühlen sich zunehmend außerstande, große Brocken zu zermahlen und somit auch zu verdauen. Das Kauen ist ein Zeichen unserer Auseinandersetzung mit den nährenden Quellen. Es steht mit unserer Überlebensfähigkeit in Zusammenhang. Sicher wünschen viele Menschen unbewußt, daß die Aufnahme seelischer Nahrung mühelos geschehen könne, womit die Psyche und einhergehend damit in letzter Konsequenz auch der Körper sich keiner Herausforderung zu stellen bräuchte. Daran knüpft sich die Hoffnung, daß alle Angelegenheiten des Lebens leichter verdaulich sein könnten.

Fallbeispiel
Jürgen arbeitet als Lehrer an einer Realschule. Er ist stolz darauf, daß er seinen Werdegang sowie seine berufliche Karriere völlig ohne finanzielle Zuwendung seiner Eltern erreicht hat. Er stammt aus einer Familie mit drei Brüdern. Schon sehr früh mußte er als der älteste Sohn Verantwortung für seine Geschwister tragen.

Die Mutter, eine engagierte, berufstätige Frau, überschätzte sicherlich die Fähigkeit und Bereitschaft eines Jugendlichen, Verantwortung zu übernehmen und vor allem diese auch tragen zu können. Bereits als Kind reagierte Jürgen relativ rasch mit Verärgerung, da er in all seinen Verrichtungen stets seine jüngeren Geschwister im Schlepptau hatte.

Um einmal nur er selbst sein zu können, schien ihm folglich der einzige Ausweg, diesem Dilemma zu entkommen, der Auszug aus dem Elternhaus. Er war damals erst neunzehn Jahre alt. Nach dem Verlassen des Elternhauses blieb er seinem Heimatort fern, er vermied es konsequent, seinen Wohnsitz in der Nähe seiner Eltern zu nehmen. Den Lebensumständen, die ihn geprägt hatten, entkam er jedoch nicht.

Er engagierte sich ohne Verzug sowohl in einer christlichen Gemeinde als auch bei den Pfadfindern. Wenn es darum ging, einen Verein ins Leben zu rufen, war er flugs mit von

der Partie. Wie ein Besessener legte er es darauf an, Verantwortung an sich zu reißen, stets motiviert von der Überzeugung, die fragliche Sache am besten meistern zu können.
Ungeachtet dessen erwies sich seine Toleranzschwelle als
ausgesprochen niedrig. Er versuchte überall seinen Willen
durchzusetzen und zeigte sich anderen Meinungen und Gefühlen gegenüber intolerant.

Frauen gegenüber entwickelte er eine anhängliche Treue,
jedoch erwartete er im Gegenzug von ihnen, daß sie seine
Bedingungen widerspruchslos akzeptierten. Des weiteren be-
trieb er Alkoholmißbrauch und verhielt sich bei zwischenmenschlichen Kontakten verbal aggressiv. Am Wochenende
verschenkte er regelmäßig Blumensträuße als eine Art von
Liebesritual getreu der Hoffnung, dadurch einen Ausgleich
für seine Verfehlungen schaffen zu können.

Jürgen klagte über immerwährende Beschwerden im Magen-
bereich. Wenn er sich wieder einmal infolge seines Perfek-
tionsanspruchs sein Leben zur Hölle gemacht hatte, gepaart
mit der Wut, wenn nicht alles wunschgemäß klappte und er
bei anderen Menschen auf Widerstand stieß, reagierte sein
Magen regelmäßig mit Übersäuerung, woraufhin schon nach
kurzer Zeit eine Magenschleimhautentzündung folgte.

Im Umgang mit Menschen, die nicht so schnell und tadel-
los wie er handeln konnten, zeigte er Ungeduld, was ihm bei
seinen Schülern wenig Gegenliebe einbrachte. Die Ablehnung wiederum stürzte ihn in Selbstmitleid. Er unterstellte,
daß seine edlen Motive nicht verstanden würden.

Als Kind hatte er nicht gelernt, sich zu öffnen, um auch
andere Meinungen und Eindrücke wahrnehmen und verdau-
en zu können. Viel zu jung wurde Jürgen eine verantwortli-
che Rolle auferlegt, wodurch er kaum noch eine Chance sah,
achtsam und geduldig zu sein. In seiner Kindheit hatte er nie
wirklich Zeit für diese Tugenden. Stets plagte ihn die Angst

in seinem Bauch, es könne etwas passieren, wofür er später Rechenschaft abzulegen hätte.

Seine Bauchschmerzen, unter denen er bereits im Kindesalter litt, belegten ebenfalls, daß er unter diesen Umständen außerstande war, sich abzunabeln. Seine oralen Bedürfnisse sind nie wirklich erfüllt worden. Er versuchte sie durch starkes Rauchen und gelegentlichen Alkoholmißbrauch zu befriedigen. Hinzu kam noch seine krankhafte Eifersucht, mit der er seine Frau verfolgte.

In Wirklichkeit glaubte er von sich, ein friedlicher Bürger zu sein, dem nur das Gute am Herzen lag. Es erstaunte ihn immer wieder aufs neue, wenn Menschen auf sein Verhalten und seine Umgangsformen abweisend reagierten. Demzufolge suchte er zunehmend Verbrüderungsakte unter Alkoholeinfluß, was natürlich zur Verschlechterung seines Krankheitsbildes führte.

Schließlich kamen noch Magengeschwüre dazu, und die Gefahr eines Magendurchbruchs wurde immer drohender. Ab diesem Zeitpunkt erklärte er sich endlich bereit, mit therapeutischer Hilfe in erster Linie Verantwortung für sich und seine Gesundheit in allen drei Bereichen – dem des Körpers, der Seele und des Geistes – zu übernehmen.

Darm

Der Darm ist der Ort des Verdauens und der Annahme vieler unterschiedlicher Emotionen und deren Aufspaltung in Kleinstteile. Wir geben Unverdautes an den Darm ab und benutzen ihn als Nische, um unliebsame Dinge zu verdrängen. Der Darm bietet dem verdauten Nahrungsbrei Gastlichkeit und Annahme.

Er spiegelt klassische Charaktereigenschaften und Emotionen in Form von Symptomen wider. Betrachten wir das

Bild einer Durchfallerkrankung, so zeigt sich, daß sie größtenteils von bewußten und unbewußten Angstgefühlen und Unsicherheit bestimmt wird. Unverhohlen herrscht hier unbewußt die Befürchtung vor, in einer bestimmten Lebenslage zu versagen, wie beispielsweise in Prüfungssituationen oder beim ersten Rendezvous. Es kann sich allerdings auch um die Angst vor Liebesentzug und Bestrafung bei nicht ausreichend erbrachter Leistung handeln.

Die Angst vor Krankheit macht krank und beschert dem betroffenen Menschen das Symptom des Durchfalls, was seine Annahme, krank zu sein, nur noch bestärkt. Der verlorengegangene Blick für das Ganze läßt uns vor lauter Angst in die Hose machen, anstatt daß wir uns gründlich mit den Umständen, die dazu geführt haben, auseinandersetzen.

Die Verstopfung, das gegenteilige Symptom von Durchfall, zeigt an, daß hier die Gefühle nicht mehr im Fluß sind. Die Stockung bewirkt Festhalten und Stillstand. Dies bedeutet teilweise, daß der Betreffende sich seinen Emotionen nicht wirklich widmet, vielleicht auch, weil er nicht mehr imstande ist, sie überhaupt zu unterscheiden und zu benennen. »Ich lasse meine alten Vorstellungen nicht los. Ich halte an meinen Mustern fest. Ich mache meinen Dickdarm zum Mülleimer meiner verdrängten und unbewältigten Konflikte. Ich bin stur.«

Ein Reinigungs- und Heilungsprozeß sollte bei Vorliegen dieser Symptome nicht nur mit Hilfe von Einläufen und Medikamenten stattfinden, sondern in erster Linie sollte die Reinigung der Psyche erfolgen.

Blase

Die Blase bildet die letzte Instanz des Verdauungsvorgangs. Sie stellt ein Sammelbecken dar, nach dessen Durchquerung die nichtverwertbaren Stoffe, d. h. Giftstoffe und Schlacken, aus dem Körper ausgeschieden werden. Der Druck, hervorgerufen durch eine prall gefüllte Blase, zwingt uns zum Loslassen. Wenn wir uns aufgrund von Erziehung oder anderer Zwänge nicht gestatten zu weinen, kommt es via Blase zur Tränenentlastung, indem wir häufigen Harndrang verspüren.

Auch im Falle von Erkältungskrankheiten, einhergehend mit starkem Hustenreiz, entlasten wir uns gleichzeitig unten wie oben. Infolge des Hustendrucks geben wir beidseitig Flüssigkeit ab. Gleiches geschieht, wenn wir uns »vor Lachen in die Hose machen« und »Tränen lachen«.

Hierbei befinden wir uns in der peinlichen Situation, in der wir Harn ablassen bzw. in die Hose machen. Dies besagt ganz deutlich, daß man aus lauter Entspannung und Freude losläßt bzw. abgibt. Zum Zeitpunkt des Todes tun wir desgleichen. Der Gestorbene scheidet alle Körperflüssigkeiten auf einmal aus.

Kinder weinen unbewußt über die Blase, wenn sie nachts in ihr Bett nässen. Bettnässen ist ein deutliches Alarmsignal, daß das betreffende Kind seine Aggressionen über den Tag angestaut hat. In solch einem Fall ist das Familienumfeld dringend therapiebedürftig, weil meistens eine konfliktbeladene Beziehung der Eltern vorliegt. Diese Kinder fühlen sich aufgrund von psychischen Spannungen im Elternhaus seelisch unter Druck.

Die Blase hat demzufolge nachhaltig mit den Gefühlsäußerungen oder deren Verdrängung zu tun. Sicher kennt jeder das Gefühl, dringend Wasser lassen zu müssen, und es läßt sich keine Toilette weit und breit auftreiben. Man gerät in Angstschweiß, der Kreislauf schlägt Alarm, und der Körper verspannt sich innerlich und äußerlich. Diese hochnotpeinliche Zwangslage läßt uns deutlich spüren, wie schlimm es um die Seele und den Körper bestellt ist, wenn wir an den uns vergiftenden Substanzen festhalten.

Augenblicklich nach dem Wasserlassen tritt für kurze Zeit tiefe Befriedigung und Entspannung ein. Nicht selten denkt man dabei, daß wir, dem Himmel sei Dank, endlich alles Bedrückende losgeworden sind. Man fühlt sich befreit von dem, was einen zuvor belastet hat.

Knochen/Füße

Neugeborene und Kleinkinder sind nicht in gleichem Maße wie Erwachsene darauf angewiesen, von ihren Knochen gehalten und getragen zu werden. Sie erfreuen sich anhand von extremen Verrenkungen an ihrer ungebrochenen Flexibilität. Säuglinge stecken den großen Zeh in den Mund und sind dadurch in der Lage, einen guten Energiekreislauf zwischen der unteren und oberen Körperhälfte herzustellen. Sie bilden einen Kreis, in dem alle Körpersäfte fließen können. Anhand dieser Liebkosung der vom Kopf entfernten Körperzonen signalisiert das Kind zugleich auch Zugehörigkeitsgefühl zu seinem Körper als eine Einheit.

Denken wir darüber nach, welche Einstellung wir zu unseren Füßen haben, wird sicher vielen von uns bewußt, daß die Füße gleichgültig und unachtsam behandelt und sträflich vernachlässigt werden. Wir setzen einfach voraus, daß sie uns täglich tragen und uns selbstverständlich an das angestrebte Ziel bringen. Wir behandeln die Füße wie Sklaven.

Wie viele Menschen gibt es, die beispielsweise auf die Idee kommen, ihre klammen Füße abends zu baden? Im Notfall bekommen sie warme Socken übergezogen und werden später ins Bett gesteckt. Es ist kaum verwunderlich, wenn der Schlaf sich nicht einstellen will, weil ein Teil des Körpers friert. Mit kalten Füßen läßt es sich nicht leichtfüßig in die Traumwelt schweben.

Wir Erwachsenen sind nicht mehr imstande, den großen Zeh in den Mund zu stecken, um ihn unsere Liebe spüren zu lassen. Wir können jedoch die Füße wärmen und sie mit heilenden Ölen massieren, um ihnen zu danken, daß sie uns so gut tragen.

In den Fußsohlen befinden sich sämtliche organbezogenen Akupunkturpunkte. In den Füßen spiegelt sich der Gesamtorganismus wider. Anhand von Fußreflexzonentherapie können in den gesamten Körper heilende Impulse ausgesandt werden. Menschen, die durch tragische Umstände einen Fuß verloren haben, klagen häufig bis an ihr Lebensende über Schmerzen in dem nicht mehr vorhandenen Fuß. Das belegt deutlich, daß das geistige Abbild, sprich der Astralkörper, eines Menschen unzerstörbar ist. Der Mensch wird durch die auftretenden Beschwerden an seine ursprüngliche Einheit erinnert. Die Energie fließt auch im amputierten Bereich weiter und erzeugt dadurch den sogenannten Phantomschmerz. Innerhalb unseres individuellen Energiefeldes, in dem alle Vorkommnisse des Lebens gespeichert werden, existiert unsichtbar der amputierte Fuß, den viele Menschen nicht sehen können.

Geläufige bildliche Redewendungen, wie »leichten Fußes durchs Leben zu gehen«, bei diesem Menschen »keinen Fuß in die Tür zu kriegen«, sich die »Hacken ablaufen«, einen »Tritt in den Hintern bekommen«, sagen viel über unsere Probleme und unsere Situation. Der symbolische Tritt in den Hintern wird mit dem Fuß ausgeführt. Der Tritt fordert dazu auf, einen Schritt vorwärts zu tun, gleichzeitig rüttelt er allerdings den Anus, um ihn an seine Aufgabe zu erinnern, Gifte und Müll loszulassen. Wir stehen mit den Füßen auf dem Boden, mit ihnen erden wir uns und halten den Kontakt zu unseren Wurzeln aufrecht.

Knie

Wir bezeugen Demut, wenn wir die Knie in Situationen beugen, in denen wir unsere Grenzen erkennen und Dankbarkeit gegenüber dem Geschenk des Lebens empfinden. Demut macht uns flexibel und weich, nachgiebig und tolerant. Die Knie signalisieren, ob ich den nächsten Schritt tun kann. »Ich habe weiche Knie« besagt, daß die zu diesem Zeitpunkt empfundenen Gefühlsregungen das Weglaufen verhindern würden. Als Verursacher dieser Instabilität kommen Glücksgefühle oder Angst in Frage.

Bei innigen Küssen kommt es mitunter vor, daß einem die Knie weich werden und die Sinne schwinden. »Jetzt muß ich nicht mehr standhaft sein, ich darf und will mich dieser Situation anvertrauen und mich hingeben.«

Die Flexibilität unserer Knie ist auch ein Gradmesser unserer Fitneß, die uns befähigt, im Wettlauf bzw. in der Konkurrenz mit anderen zu bestehen. Ein Befehl wie »Auf die Knie!« bezeugt die Absicht des Befehlenden, sein Gegenüber kleinzumachen. Es ist ihm möglich, den anderen Menschen zu demütigen und Macht über ihn auszuüben, wenn er ihm die Voraussetzung, zu kämpfen, sich zu verteidigen und wegzulaufen, vorenthält.

Die Kniescheibe als solche sieht aus und wirkt wie ein Schutzschild für die Kniegelenke. Sie symbolisiert die Bereitschaft, sich in den direkten Kampf einzulassen. Eine zertrümmerte Kniescheibe hinterläßt lebenslänglich ein steifes

Bein. Wer davon betroffen ist, ist nicht mehr imstande, sich
an Auseinandersetzungen, die schnelle Bewegungen erfordern, zu beteiligen. Sowohl das symbolische als auch das
reale archetypische Hingabe- und Fluchtverhalten wird dadurch beeinträchtigt. Es besteht die Gefahr, daß der Knielei-
dende starr wird, denn ohne funktionsfähige Knie vermag er
weder zu knien noch zu fliehen.

Die Knie haben auch stets etwas mit Geschwisterrivalität
zu tun. Sie verraten, wie man mit Freunden umgeht und wie
man sich in der Gruppe oder in der Familie verhält.

Fallbeispiel
Nach der Wiedervereinigung Deutschlands bot sich Karin
endlich die Möglichkeit, ihren dynamischen Schaffensdrang
zu entfalten, den sie zu DDR-Zeiten nie ohne Einschränkung
ausleben konnte. Sie war zu diesem Zeitpunkt Ende Vierzig,
und mit allen Fasern ihres Wesens lechzte sie nach Machen-
wollen und der Umsetzung ihrer kreativen Ideen.

Als erstes Projekt bauten sie und ihr Mann ein Wohn-
und Geschäftshaus. Im Alltag organisierte Karin den Haus-
bau und arbeitete tatkräftig am Bau mit, und ihr Mann küm-
merte sich um das Geschäft. Als die einzige Angestellte im
Geschäft ihres Mannes wegen Schwangerschaft ausfiel,
übernahm Karin obendrein noch diesen unbesetzten Arbeits-
platz. Schließlich galt es ja zu sparen und zu bauen.

Die Baumaßnahmen verliefen nicht so reibungslos, wie
Karin es sich gewünscht hätte. Das Land befand sich in einem massiven Umbruch, und Karin war gezwungen, sich
teilweise mit unseriösen Anbietern auseinanderzusetzen.

Als das Haus unter vielen Ärgernissen endlich fertiggestellt
war, suchte Karin meine Praxis auf. Sie litt unter heftigen
Kniebeschwerden und konnte fast nicht mehr laufen. Sie
teilte mir mit, daß in vierzehn Tagen der Umzug bevorstün-

de, weswegen ich sie so schnell wie möglich wieder fit machen solle. In den vergangenen Wochen hatte sie auch noch eigenhändig ihre alte Wohnung renoviert, aus der sie im Begriff war auszuziehen. Die bisherige enge Wohnung war ihre erste eigene Unterkunft gewesen, worin Karin nahezu dreißig Jahre gelebt hatte. Hier hatte sie ihre zwei Kinder bekommen und sich im Rahmen ihrer damaligen Möglichkeiten eine gut funktionierende Welt geschaffen.

Seit der Wende hatte sie sich, getrieben von ihrem Schaffensdrang, im Wettlauf gegen ihre seelischen Bedürfnisse befunden. Nun galt es, etwas aufzubauen und Leistungen zu erbringen. Sie gönnte sich kaum noch Zeit, zur Besinnung zu kommen, wirklich wahrzunehmen und zu spüren. Sie wurde das zwanghafte Gefühl nicht los, in möglichst kurzer Zeit alles nachholen zu müssen, wozu ihrer Meinung nach die Bewohner des Westens vierzig Jahre Zeit gehabt hatten.

Als der Zeitpunkt des Umzugs in das neue Haus und zugleich auch in eine neue Welt gekommen war, vermochte diese fleißige Frau fast nicht mehr zu gehen. Ihr Unterbewußtsein signalisierte ihr: »Nimm dir die nötige Zeit, um innerlich Abschied zu nehmen, bringe den erfüllten Lebensabschnitt zum Abschluß, damit du guten Mutes weiter in die Zukunft schreiten kannst.«

Karin hatte jedoch nicht bemerkt, daß sie sich ausschließlich zum Opfer des Leistungswettbewerbs gemacht hatte und ihren seelischen Bedürfnissen keinerlei Achtung gezollt hatte. Erst als der Schmerz in den Knien sie erheblich behinderte und zur Pause gemahnte, suchte sie um Hilfe nach. Während der Therapie begann sie zu begreifen, daß durch die Freude auf das neue Heim ihre bisherige Enge und die alten Blockaden von ihr abfielen. Sie vermochte nun innezuhalten, dankbar zu sein und sich von ihrem vergangenen Leben zu trennen.

Hüften

Die Hüften und die Oberschenkel können als Sitz menschlicher Erwartungen angesehen werden. Sie symbolisieren Fortschritt und Unabhängigkeit. Wir verlagern alles, womit wir uns nicht auseinandersetzen und beschäftigen wollen, auf die Hüften. Deshalb legen wir uns um die Hüften herum gern einen Rettungsring, sprich ein Fettpolster, zu.

Hier sind auch die Erinnerungen gespeichert, aus denen wir zwar herausgewachsen sind, die wir allerdings nicht loslassen wollen oder können. Die Hüfte bekundet gleichfalls, daß wir mit Menschen oder Gegebenheiten teils eigensüchtig umgehen und starr an unserer Meinung festhalten. Wer gewohnt ist, andere Menschen zu sehr in Anspruch zu nehmen, sie sozusagen als Krücke zu benutzen, dessen Hüften verkümmern in ihrer artgemäßen ureigenen Fähigkeit des Fortschreitens.

Alte Menschen erleiden häufig Hüftbrüche, was wiederum zeigt, wie starr sie an ihrer lebenslangen Haltung festhielten. Gebrochene Hüften sind zugleich ein Fanal, das ankündigt, daß die Macht des Kranken aufzubrechen beginnt. Künstliche Hüftgelenke sind zwar für viele Patienten ein Segen und verleihen ihnen zunächst einmal die ersehnte Flexibilität wieder. Die geistige Starre und das Verlangen, über andere Menschen bestimmen zu wollen, werden damit allerdings nicht behoben.

Wie weit wir die Beine und Hüften spreizen können, entscheidet über unsere Fähigkeit, die Sexualität in aller Offenheit zu leben. Die Spannweite der Beine zeigt auch den Grad der Empfänglichkeit für Neues an, das in uns einströmt. Zahlreiche Menschen mit den geschilderten Krankheitssymptomen im Hüftbereich leiden einhergehend damit an Sexualstörungen. Vielfach mangelt es ihnen an der Lust am

Leib. Damit ist nicht nur der eigene Leib gemeint, sondern auch der des Partners. Die Betroffenen zeichnen sich meist durch Kopflastigkeit aus. Den sinnlichen Teil ihres Lebens kompensieren sie vielfach durch unkontrolliertes Essen. Die Hüften dienen als die tragenden Säulen unseres Körpers. Sie verkörpern unsere männlichen und weiblichen Möglichkeiten des Fortschritts.

Dazu führe ich eine hübsche Anekdote von der niederländischen Königinmutter Juliane an. Als junge Frau spazierte sie unerkannt am Meeresstrand entlang. Ein Mann rief ihr respektlos hinterher, daß sie Säulen hätte, wo bei anderen Mädchen die Beine wären. Juliane konterte schlagfertig: »Junger Mann, auf diesen Säulen ruht das Haus Oranien.« Mit dieser kraftvollen Lebenseinstellung ist sie bis zum heutigen Tag bei guter Gesundheit geblieben und betagt geworden.

Wirbelsäule

Unsere Körperhaltung gibt Aufschluß darüber, wie unsere Einstellung und unsere Grundhaltung dem Leben und den Gegebenheiten gegenüber beschaffen ist. Wir sind in der Lage, uns beweglich, leicht und heiter mit ihr zu wiegen und unseren Rhythmus im Schwingungsfeld der Natur zu suchen und zu finden. Wir können allerdings auch eine halsstarrige, stocksteife und unbeugsame Haltung einnehmen.

Die Wirbelsäule ermöglicht uns das aufrechte Gehen und vermittelt uns Halt. Wenn wir uns zuviel aufbürden, beugen wir uns unter der Last der Bürde. Falscher Stolz und Überheblichkeit erzeugen vielfach eine stocksteife Haltung, wie man sie früher in militärischen Berufen angetroffen hat. Eine bildhafte Redewendung besagt: »Es ist ein Kreuz mit dem Kreuz.« Das kann wohl der Fall sein, wenn vorhandene Spannungszustände auf die Muskelgruppen links und rechts neben der Wirbelsäule übertragen werden, Blockaden erzeugen und dadurch die Wirbelsäule beugen oder erstarren lassen.

All unsere Emotionen wie Wut, Aggression, Angst und seelische Verletzungen spiegeln sich in unserer Körperhaltung wider. Indianer weisen bis ins hohe Alter bewegliche Knochen auf, sofern sie ihrer Kultur gemäß leben. Auch im Alter sind sie noch in der Lage, schwere Arbeiten zu verrichten, und ihr Körper ist biegsam und voller Spannkraft.

Die indianische Kultur sorgt durch Rituale, Meditationen und die Verbreitung des Wissens um die fließende Energie im Menschen dafür, daß die Balance zwischen Himmel und Erde hergestellt wird und erhalten bleibt. Sie öffnen und füllen ihre Energiezentren, wodurch sie ihre Knochen mit roter Energie versorgen.

Unser Blut ist rot, und dessen roter Farbstoff wird teilweise im Knochenmark gebildet. Die rote Farbe bedeutet Lebendigkeit, Feuer und kraftvolles Pulsieren. Das Krankheitsbild der Osteoporose, d. h. der Knochenentkalkung, das wir in den Industrieländern, den sogenannten zivilisierten Kulturen, beinahe als selbstverständliche Erscheinung hingenommen haben, tritt bei der naturnahen, weisen indianischen Lebensführung nicht auf.

Fallbeispiel

Lenas Kinderleben war durch den sexuellen Mißbrauch, den ihr Vater an ihr verübt hatte, geprägt. Im Alter von acht Jahren sah sie sich einem seeletötenden Teufelskreis von nicht enden wollender Angst, Wut, Zorn, Verzweiflung, Ekel und schlechtem Gewissen ausgesetzt. Dadurch wurde ihr Vertrauen in die Empfindungen ihres Körpers abgewürgt.

Anstelle von Neugier und phantasievoller Zärtlichkeit, die Kinder in diesem Alter ganz natürlich entwickeln, entstanden bei ihr Blockaden und Gehemmtheit.

Sie zog den Kopf zwischen die Schultern, senkte den Blick und bewegte sich steif und linkisch. Als junge Frau kam Lena in meine Sprechstunde. Sie erwähnte nichts von dem Mißbrauch, sie klagte lediglich über ihr unentwegt schmerzendes Kreuz. Körperlich ist sie eine starke Frau, die mitunter extrem wütend wird, wegen Kleinigkeiten ausrastet und dabei auch Gegenstände zerstört.

Hinterher zwingt ein steifer Nacken sie durch starke Verspannungsschmerzen, sich ruhig zu verhalten. Während der durch Schmerzen erzwungenen Ruhephasen bereut sie ihr aggressives Verhalten, vor allem ihrem Kind gegenüber. Damit fügt sie dem Kreislauf der ständigen Verspanntheit eine weitere Blockade hinzu. Reue, Selbstmitleid und der damit verbundene Ärger über sich selbst beschleunigen die Leidensspirale immer mehr. Ihre Schulter-Nacken-Partie fühlt sich so hart wie Beton an. Im Bereich der Lendenwirbelsäule empfindet sie ständig das Gefühl durchzubrechen. Allein ihre Hüften, Knie und Füße schmerzen nicht, denn diese benutzt sie bei ihren Wutattacken.

In ihrer Raserei tritt sie nach allem, was gerade ihren Weg kreuzt. Dadurch verhält sie sich unbewußt richtig. Sie wehrt sich und versucht sich auf diese Weise von all ihren seelischen und körperlichen Verletzungen zu befreien. Es tut ihr gut, daß sie in der Lage ist, ihre Emotionen in Aktionen umzusetzen. Darin liegt bereits ein wertvoller Therapieansatz. Um den Kreislauf der Aggressionen zu durchbrechen, gilt es nun, diese Kraft in sinnvolle, nicht verletzende Handlungen umzuwandeln.

Zähne

Sie sind das Werkzeug, um zuzupacken und anzugreifen oder sich zu wehren. Ihr Zustand gibt Aufschluß über die Lebenskraft eines Menschen. Die Zähne zeigen uns, ob sich ein Mensch durchbeißen kann. Wenn wir die Nahrung zerkauen, setzen wir uns gleichzeitig mit ihr auseinander. Durch das gute Kauen machen wir die zu uns genommene Nahrung für uns verdaulich.

Deshalb ist es so wichtig, die Zähne zu trainieren, indem wir ihnen auch mal harte Brocken zu beißen geben, wie zum Beispiel älteres Brot, frisches Obst oder Gemüse. Daran können sie ihre Stärke messen und sich schärfen.

Keiner hat mehr Angst vor einem zahnlosen Hund. Der Spruch »Hunde, die bellen, beißen nicht« zeigt an, daß die Gefahr vorüber ist und der Hund noch so groß sein kann, ohne Zähne wird er nicht mehr ernst genommen. Ein Tier fletscht die Zähne, um seine Kampfbereitschaft zu signalisieren. Wir tun das gleiche, wenn wir symbolisch jemandem die Zähne zeigen.

Wir beißen in Schmerz- oder Streßsituationen die Zähne zusammen, um diese Momente zu meistern. Von Zahnärzten hören wir immer wieder, daß sich bei vielen Menschen das Gebiß in einem bedauerlichen Zustand befindet. Die Beißfähigkeit nimmt damit rapide ab. Die Ursachen sind sicher nicht nur in der Fast-food-Mentalität zu suchen, sondern liegen mit in den fehlgesteuerten und blockierten Emotionen vieler Menschen. Es ist ein Zeichen für die Unfähigkeit, sich kraftvoll mit Aggressionen auseinanderzusetzen, und auch für nachlassende Widerstandskraft.

Die Art, wie ein Mensch kaut, gibt Aufschluß über seinen Willen. Jemand, der bedächtig und gründlich kaut, seine

Nahrung richtig einspeichelt, lebt gesünder. Er beherzigt die
weisen Abläufe. Langsam macht er aus großen Brocken
kleine, bis der Körper sie verflüssigt und sie ihn nicht mehr
belasten. So bleibt er gesünder. Ein Mensch, der schlingt und
sich keine Zeit läßt, schlingt gewöhnlich auch die Eindrücke,
die ihm das Leben bietet, ungeduldig und unverdaut in sich
hinein. Ist ein Mensch nicht in der Lage, am Tag und im All-
tagsleben seinen Protest oder seine Aggressionen zu zeigen,
versucht er während des Schlafes, diese ungelebten Gefühle
abzuarbeiten, indem er mit den Zähnen knirscht. Bei dieser
Spannungsprozedur werden die Zähne häufig so belastet,
daß ein Zahnarzt eine Beißschiene als Schutz vor Abnut-
zung anbieten sollte. Diese trägt der Patient während des
Schlafes, um seine Zähne vor dem starken Druck zu schützen.

Beginnt sich das Zahnfleisch zurückzubilden, hat das etwas mit unserem Selbstvertrauen zu tun. Wahrscheinlich hat
es sich schon eine ganze Weile, bevor sich das Zahnfleisch
zurückgebildet hat, in uns reduziert. Als Folge davon beginnen die Zähne zu wackeln, und unsere Wehrhaftigkeit und
Vitalität ähneln der eines alternden, zahnlosen Hundes.

Kopf

Der Kopf ist so etwas wie das Zentrum der Gesamtsumme
dessen, was du bist. Wenn der physische und emotionale
Körper und der Intellekt belastet sind, dann reagiert der Kopf
nicht selten mit Spannungen und Schmerzen. Das Haupt ist
krank! Es ist gut für uns, sehr intim und vertraut mit dem
eigenen Kopf zu sein.

In Streßsituationen verlieren Menschen schnell ihren
Kopf, das heißt, sie verlieren die Balance zwischen Himmel
und Erde, zwischen oben und unten. Im Kopf kannst du los-

lassen. Je mehr ein Mensch an alten Vorstellungen festhält, um so stärker verhindert er das Hereinlassen von neuen Informationen. In solchen festgefahrenen Situationen kann man als Erste Hilfe seine Hände und Füße streicheln und massieren, dadurch wird die gestaute Energie angeregt, nach außen abzufließen. Wenn Energie frei wird, kann neue nachströmen.

Menschen, die durch ein Ungleichgewicht ihrer Gefühle, zum Beispiel durch Nichterkennen von krankmachenden Verhaltensmustern und persönliches Nichtentwickeln, ins Trudeln geraten, finden in der Meditation Raum durch Stille. Ein Mensch sollte versuchen, seine alten Strukturen aufzubrechen, dazu gehört aber Geduld. Die Geduld zeigt die emotionale Reife des einzelnen.

Gründe für Kopfschmerzen gibt es genug. Es können Kieferhöhlen- und Stirnhöhlenvereiterungen, Sehfehler, Hirnhautentzündungen, Hirntumor, traumatische Verletzungen, psychische Belastungen, Lähmungen, Durchblutungsstörungen, beginnender Schlaganfall und die so gefürchtete Migräne als Ursache in Frage kommen. Kopfdruck und Kopfschmerz können Ausdruck verdrängter Wünsche und Hoffnungen sein. Erschöpfung durch permanente Mißachtung des natürlichen Schlafbedürfnisses und chronische Schmerzzustände, Alkohol- und Nikotinmißbrauch führen ebenso häufig zu den gefürchteten Kopfschmerzen. »Ich habe den Kopf voll, ich zerbreche mir den Kopf.« Ich invalidisiere mich durch rasende Kopfschmerzen, um Situationen aus dem Weg zu gehen. Ich bekomme die ersehnte Ruhe nur, indem mein Kopf nicht mehr mitmacht!

Fallbeispiel

Evas Ehe ist nur noch eine Zweckgemeinschaft. Gute Gefühle füreinander sind längst abgelöst worden von Zynis-

mus. Dieser wird aber in Grenzen betrieben, so daß die
Schmerzen, die das Zusammenleben mit sich bringt, immer
noch zu ertragen sind. Beide Ehepartner drohen immer wieder mit Scheidungsabsichten, das ist für den anderen dann
das Signal, eine Schonfrist für sein zynisches Verhalten ein-
zulegen. Wenn es zur Eskalation gekommen ist, plant man
schnell wieder Gemeinsames. Einen Urlaub am Meer, eine
Party oder man geht mit dem gemeinsamen zwölfjährigen
Sohn in einen Freizeitpark. Nach außen wird die Gemein-
schaft immer wieder zur Schau gestellt. Eva fühlt sich von
ihrem erfolgreichen Mann gedemütigt und erniedrigt. Er hat
schnell mal ein Abenteuer nebenbei. Seine Begründung dafür lautet, Eva sei frigide.

Sie wiederum findet, daß er zu oft sexuelle Anforderungen
an sie stelle. Wenn sie sich attraktiv kleidet, demütigt er sie
mit solchen Äußerungen: »Du glaubst doch nicht, daß du
noch mal einen abkriegst?« Natürlich spürt er, daß sie es nicht
mehr nur für ihn tut. Heimlich hofft sie wohl immer noch auf
den Prinzen aus dem Märchen, der sie aus dieser Situation befreit. Sie lebt in einem satten Wohlstand, und ich glaube, daß
die Bindung daran etwas Erotisches für sie hat.

Oft zerreißt es Eva zwischen diesen Möglichkeiten, etwas lei-
sten und ändern zu wollen, sich aber nicht zu trauen, weil
das mit viel Arbeit und neuen seelischen Schmerzen verbun-
den sein könnte. Instinktiv spürt sie auch die Gefahr, daß
das zur eventuellen Aufgabe ihrer derzeitigen Lebensver-
hältnisse führen könnte. Sie ist innerlich total unzufrieden
mit sich und ihrer Situation. Nach Kritik verkriecht sie sich
in ein dunkles Zimmer und hat Migräne. Sie kommt aus
ihrem Kreislauf – Angst, Fluchtgedanken und Verspan-
nung – nicht heraus. So holt sie sich Verschnaufpausen
durch dieses Invalidisieren, um nach zwei bis drei Tagen
wieder auf den Kampfplatz ihrer Ehe zurückzukehren.

Ihre geistige Fehlhaltung und das Festhalten daran bringen sie immer wieder in den Kreislauf der Migräne. Denn eigentlich findet sie ihr Verhalten sich selbst und ihrem Mann und der Situation gegenüber zum Kotzen. Was sie dann ja auch ausführlich tut in ihren Anfallphasen. Ihr Lernprozeß wäre es, eine zufriedene und tolerante Einstellung zu entwickeln. Die ehrgeizige, unflexible Haltung in eine liebevolle, achtsame, weich fließende umzuwandeln, damit sich der innere Kampfplatz in einen Ort des Friedens verwandeln kann.

Viele Migränepatienten sind absolute Verdränger; wenn man sie in der Therapie auf Verhaltensmuster anspricht oder nach Konflikten fragt, kommt selten eine Schlüsselantwort. Häufig sind sie sich ihrer Blockaden nicht bewußt. Viele treiben schon lange in diesem Spiel, so daß ihnen dabei das Bewußtsein für gesundes Fließen von Energien verlorengegangen ist. Wenn es zu einer vertrauensvollen Öffnung des Beckens und der ganzen kraftvollen Umwälzung zwischen Kopf und Becken kommt, erfährt der Mensch häufig auch Entspannung nicht nur im Kopf, sondern auch im Unterleib.

Augen

Mit den Augen erfassen wir die äußeren Eindrücke und setzen sie in Bilder um. Die Augen sind der Spiegel unserer Seele. Unser psychischer Zustand drückt sich über die Augen aus. In Zeiten des emotionalen Wohlergehens, der Liebe und der Zufriedenheit funkeln sie wie Sterne: schön, geheimnisvoll und unergründlich.

Wenn wir Kummer und Sorgen haben, übermüdet oder krank sind, Alkohol und Drogen konsumieren, nehmen sie einen glanzlosen oder glasigen Ausdruck an. Die gesunde

Neugier und das Wachsein weichen dann aus dem Blick, und es bleibt der Eindruck der totalen Erschöpfung. Im Tod bricht das Auge. Unsere Seele verläßt uns, und somit gibt es auch keinen Blick mehr in die Seele über das Auge.

Menschen, die es zulassen, daß man sie direkt ansieht, und damit die Möglichkeit geben, in sie hineinzusehen, sind häufig extrovertiert und mit sich im Gleichgewicht. Sie versuchen, Kontakt zu uns aufzunehmen, indem ein freundlicher und warmherziger Blick signalisiert: »Ich vertraue dir.« Das Gegenteil davon ist der eisige Blick. Er läßt die Seele des Schauenden frieren, macht angst und wird häufig als Strafandrohung von Menschen angewandt, die ihre Macht mißbrauchen.

Wenn wir mit verschleierten muslimischen Frauen Kontakt haben, die uns bis auf die Augen kaum weitere Informationen über ihren Körper gestatten, können wir in diesen Blicken wie in einem Buch lesen. Feuer, Freundlichkeit, Leidenschaft, Verzweiflung, Trauer, erotisches Spiel, Mißtrauen oder Vertrauen, das alles ist sichtbar. Wir spüren, daß uns nur das wirkliche Hinschauen Informationen über diese Frauen gibt. Unser Interesse wird nicht durch Äußerlichkeiten abgelenkt.

Wir erfahren über die Augen die Stimmung eines Menschen, ohne mit ihm zu sprechen. Über die Augen haben wir die Möglichkeit, Schleusen zu öffnen und Emotionen zum Ausdruck zu bringen, indem wir vor Freude oder aus leidvollen Erfahrungen heraus weinen.

Jeder entwickelt im Laufe seines Lebens eine eigene Art der sehenden Wahrnehmung. Das Sehen ist sicher etwas ganz Subjektives. Allein bei der Farbwahrnehmung gibt es völlig unterschiedliche Empfindungen. Jeder Mensch hat also seine persönliche sichtbare Wahrheit.

Augenprobleme sprechen dafür, daß der betroffene Mensch nicht alles in seinem Leben sehen möchte. So kann er aus Wut und Protest entzündete Augen bekommen.

Die Kurzsichtigkeit kann bedeuten, daß man um sich selbst kreist und nicht über einen bestimmten Radius hinaus Umstände seines Lebens wahrnehmen möchte. Das bedeutet, wenn ich andere Menschen nicht klar sehe, muß ich mich auch nicht konkret mit ihnen beschäftigen, weil das seelisch schmerzen könnte.

Die sogenannte Altersweitsichtigkeit hat damit zu tun, sich lieber mit etwas entfernt Vergangenem als dem eigenen Gegenwärtigen zu beschäftigen. Es ist die Vorliebe, im Alter auf Details zu verzichten, vielleicht auch, um endlich nur noch das Wesentliche zu sehen.

Ohren

Die Ohren dienen der akustischen Wahrnehmung der Töne, die um uns herum und von uns produziert werden. Das kann eine Vielfalt von leisen oder lauten Tönen und Schwingungen sein, die man je nach Empfindungsvermögen der Seele wahrnimmt oder dafür taub ist. Diese Wahrnehmungsfähigkeit dient somit auch der Verständigungsmöglichkeit unter den Menschen und Lebewesen.

Die Geisteshaltung der Menschen spiegelt sich in Sätzen wie »Ich gehorche«, »Ich schenke jemandem Gehör«, »Ich habe ein offenes Ohr«, »Wir hören auf jemanden«. Aber auch die seelische Erschöpfung durch wiederholendes Geschwätz zeigt mit dem Satz: »Ich kann es nicht mehr hören« ganz deutlich das Zusammenspiel von der Sinneswahrnehmung Ohr-Seele. Wenn wir nicht hören wollen, müssen wir fühlen. An diesen Satz aus unseren Kindertagen kann sich sicher jeder noch erinnern, als die Flut der Verbote unsere Neugier und Entdeckungssucht mit diesen Worten maßregelte. Es zeigt aber auch deutlich, daß es manchmal wichtig ist, eigene schmerzhafte Erfahrungen zu machen, um überhaupt den Sinn einer elterlichen Anordnung zu verstehen. Wenn wir nicht willig waren, diesen Anordnungen zu folgen, kam die Frage: »Kannst du nicht hören, oder hast du dir nicht die Ohren gewaschen?«

Da die Ohren unmittelbar etwas mit unserem Gleichgewicht zu tun haben, stellt sich bei Schwindel und bei Hörsturz die Frage, wer oder was bringt mich aus dem Gleichgewicht? Was will ich nicht mehr in mich hineinlassen über den Zugang des Hörens? Wo gebe ich Gehorsam auf und verbarrikadiere mich, indem ich die Tore des Hörenkönnens schließe? Fehlt es mir an Bereitschaft, mich mit einem bestimmten Thema zu beschäftigen, vor allem zuzuhören, was bei diesem Thema mit mir und mit meiner Psyche geschieht?

Beim Krankheitsbild Hörsturz treten lästige bis äußerst unangenehme Geräusche im Ohr auf, die signalisieren: »Höre genau hin, was in dir geschieht!« Die fast ausschließlich psychisch bedingte Altersschwerhörigkeit hat etwas mit Nicht-mehr-hören-Wollen zu tun. Der betroffene Partner ist es leid, ewig dasselbe Geschwätz anzuhören, die tägliche Wiederholung der alten Meckereien über sich ergehen zu lassen. Er will nicht mehr hören und wird taub.

Ich habe in meiner Praxis häufig erlebt, daß der verwitwete Partner oder die verwitwete Partnerin nach kurzer Zeit des Alleinseins plötzlich wieder besser hören konnten. Sie sind plötzlich wieder an neuen Eindrücken interessiert, und das funktioniert nur, wenn sie zuhören und ihre starre Haltung aufgeben. Jetzt müssen sie ja auch nicht mehr dem Partner gehorchen.

Nase

»Du steckst in alles deine Nase!« Was hier als Rüge gedacht
ist und die Stärke der Neugier eines Menschens charakteri-
siert, sollten wir ruhig öfter tun. Der ausgiebige Gebrauch
dieser Sinneswahrnehmung könnte uns viele Enttäuschungen ersparen. Wir sollten uns intensiver beschnuppern, bevor wir eine Verbindung mit einem Menschen herstellen,
dann wären wir nicht so schnell verschnupft über einen
Menschen oder eine Situation. Wir hätten dann nicht so
schnell die Nase voll.

Über die Nase können wir auch Gifte ausscheiden, dieser
Reinigungsprozeß findet bei jedem Schnupfen statt. Die
Nase steht für Verbindung und Freundschaft. Mit ihr können wir Kontakt mit allem herstellen, ohne schauen zu
müssen. Wir riechen und entwickeln eine Zu- oder Abnei-
gung, suchen Kontakt oder ziehen uns zurück. In einigen
Kulturen, wie zum Beispiel bei den Eskimos, reiben sich die
Menschen zur Begrüßung zärtlich die Nasen und liebkosen
sich dabei.

Mund

Über den Mund können wir alles mitteilen, was uns in unserem Leben wichtig erscheint, was uns beschäftigt, zum Beispiel unsere Wünsche und Hoffnungen. Er filtert die sprach-
liche Ausdrucksfähigkeit unserer Gefühle und unserer
Entwicklungsstufen. Der Mund formuliert Botschaften und
läßt Eindrücke heraus. Unser geistiger Entwicklungsstand
zeigt sich unter anderem auch in der Fähigkeit, sich auszudrücken.

Über den Mund nehmen wir Nahrung auf und schmecken
sie. Wir entscheiden hier, ob sie nach unserem Geschmack

ist oder ob wir sie wieder ausspucken. Wir schmecken den Partner beim Küssen. Wir verbinden uns dabei ganz intim mit ihm. Es findet ein Austausch statt zwischen Bakterien, Geruch und Geschmack.

Viele Menschen leben nicht schlecht miteinander, können sich aber nicht küssen, weil der Partner doch nicht ganz nach dem Geschmack des anderen ist. Die Ursachen dafür können sein: Mundgeruch, unsensibles Verhalten oder ganz einfach, daß sie nicht die zärtliche Kunst der Annäherung und Leidenschaft in sich tragen und sie beherrschen. So manch ein Pseudocasanova tönt vollmundig von all seinen Eroberungen. Die Wirklichkeit ist dann eher ernüchternd. »Er oder sie nimmt den Mund zu voll.«

Wer kennt sie nicht, die Versprechen der Eltern, der Kinder, der Politiker, der Kirchen, der Geliebten und der Lebenspartner, die irgendwann nichts mehr wert sind? Worte sind wie Schall und Rauch, einfach weg und nicht mehr wahr. Unser Mund spiegelt mit zunehmendem Alter ganz deutlich unsere innere Haltung wider.

Ein enger, verkniffener Mund signalisiert: hier verweigert der Mensch, die Süße in sein Leben hereinzulassen, das Weiche und Gefällige ist ihm verlorengegangen. Der Mund wird zum Strich. Und wenn dann die Mundwinkel auch noch nach unten hängen, fühlt sich dieser Mensch vom Leben im Stich gelassen, er wird zynisch. Es gibt durchaus alte Damen, die im hohen Alter von über achtzig Jahren noch volle, erotisch wirkende Lippen haben. Diese Frauen genießen tief in ihrer Seele sich und ihren Körper und natürlich auch das Geschenk des Lebens. Der Mund kann durch die geringe Mühe eines Lächelns unser Gesicht in eine heitere Landschaft verwandeln, in dem Falten und Pigmentflecke des Alters zu tanzen beginnen.

Wir können ein Lächeln schenken, können eine peinliche Situation für einen Menschen mit einem herzlichen Lachen beenden, ohne ihn zu verletzen. Wir haben zauberhafte Möglichkeiten zur Verfügung, um zu anderen Menschen Verbindungen herzustellen, wir müssen nur den Mund aufmachen und ihn mit all seinen Möglichkeiten gebrauchen.

Setzen Sie sich bitte vor einen Spiegel, und schauen Sie sich freundlich an, sehen Sie, wie sich das Gesicht sofort entspannt, wenn Sie lächeln? Tun Sie es gleich und oft!

Hals – Kehle

Der Hals ist eine Fundgrube, in der Töne, das magische Selbst, die Kraft der Stimme Wandel in uns und um uns hervorrufen können. Hier liegt die Macht für das Gespräch. Was ich im Herzen empfinde, sage ich über die Kehle, oder ich verschlucke es und verstopfe mir den Hals mit all dem Gift.

»Es bleibt mir das Wort im Hals stecken«, »Ich könnte dir den Hals umdrehen«, »Es schnürt mir den Hals aus Angst zu«, »Es hängt mir zum Halse raus« und »Ich habe so einen Hals«. Diese volkstümlichen Redewendungen zeigen die ganze Breite der Verletzbarkeit, die sich im Hals als Symptom niederschlagen können. Was durch unsere Stimme hörbar wird, entspricht unserer Gesamtentwicklung. So können wir mit der Stimme locken, versprechen, schimpfen, fluchen, schreien und zärtlich flüstern. Wir können die Stimme anderer Menschen imitieren und unsere Stimme je nach Situation verändern. Mit einer Kinderstimme erscheinen wir bedürftiger. Sie weckt häufig in anderen Menschen Beschützerinstinkte.

Viele Frauen weigern sich, von ihrer Stimme kraftvollen Gebrauch zu machen, da sie dann, wenn sie es tun, aus ihrer anscheinenden Hilfsbedürftigkeit herauswachsen müssen. Viele

Menschen mißbrauchen ihre Stimme, um Befehle auszuteilen, wohl in der Hoffnung, andere dadurch beherrschen und kontrollieren zu können. Es ist die Demonstration von Macht und deren Mißbrauch. Die Stimme transportiert unsere Gefühle nach außen und zeigt unsere seelische Bedürftigkeit an.

Im Hals und in der Kehle sammeln wir unsere mystischen Erfahrungen, um sie weiterzuleiten an die höher gelegenen Energiezentren im Kopf. Es ist die Schnittstelle zwischen unserem Leib und dem Kopf. Wir brechen uns den Hals in schwierigen Lebenssituationen oder wenn wir nicht achtsam mit uns umgehen. Dieses Energiezentrum im Hals sagt dir auch, engagiere dich nicht, wo du keine Verantwortung trägst, sonst erschöpfst du dich schnell.

Den Hals und die Stimme können wir auch im Zusammenhang mit den sexuellen Gefühlen eines Menschen sehen und wie er sie lebt. Der Stimmbruch bei Jugendlichen findet zu dem Zeitpunkt statt, an dem die hormonelle Entwicklung beginnt. Es verschlägt uns die Stimme, wenn wir mit übermächtigen Partnern leben oder arbeiten. Die Stimme versagt oder wird heiser und leise, wenn wir Angst haben, unsere wahren Bedürfnisse und Gefühle zu äußern. Viele Menschen fangen dann an, nur noch zu dulden, auch im sexuellen Bereich. Wahre Lust und Gefühle ersticken. Der Mensch begräbt seine nicht gelebte Macht im Hals.

Haut

Die Haut ist unser größtes Kontaktorgan. Sie ermöglicht es uns, direkten Kontakt mit allen Lebewesen und Gegenständen herzustellen. Über die Haut scheiden wir verflüssigte Giftstoffe aus. Sie steht also in unmittelbarem Zusammenhang mit der Nierenfunktion.

Die Haut ist auch ein Spiegel unserer Seele. Wir erröten vor Scham, werden blaß vor Schreck, eine schwierige Situation treibt uns den Angstschweiß aus allen Poren. Von einigen Therapeuten wird das ständige Schwitzen so interpretiert, daß es ein Weinen über die Haut sein könnte. Solche Redewendungen: »Es ist zum Aus-der-Haut-Fahren«, »Das kann mich gar nicht kratzen«, »Ich bin allergisch gegen einen Menschen (oder eine Situation)« zeigen deutlich den Zusammenhang zwischen Psyche und der Projektionsfläche unserer Haut.

Die Haut grenzt uns zur Außenwelt ab und hält uns andererseits zusammen. Sie reguliert maßgeblich unseren Wärmehaushalt. In bestimmten Situationen, in denen unsere Empfindungen und Gefühle Wohligkeit oder Angst registrieren, bekommen wir eine Gänsehaut. Letztendlich können wir aber nicht aus unserer Haut heraus.

Einem sogenannten Dünnhäutigen geht alles unter die Haut, er ist psychisch nicht so stabil wie der, der eine Hornhaut oder ein dickes Fell hat. Die Haut schenkt uns eine breite Palette der Empfindungsmöglichkeiten. Es findet ein Wechselspiel zwischen Haut und Psyche und umgekehrt statt. Sie registriert einen Vorfall durch Kontakt, darauf entsteht eine Empfindung, und es erfolgt unter Umständen eine Reaktion.

Kleine Kinder lernen die unterschiedlichsten Berührungsmöglichkeiten durch andere Menschen kennen. Diese frühen Erfahrungen prägen sie lebenslänglich. Zärtliche und behutsame Eltern werden in ihnen die Achtsamkeit für Berührung und deren Reaktion darauf wecken. Kinder können durch Körperkontakt getröstet und entspannt werden. Grobe und unsensible Handhabung werden bald aus dem Kind einen ängstlichen Menschen machen. Es weicht dann aus Verletzungsangst dem Angefaßtwerden aus. Die späteren Folgen

dieser kindlichen Erfahrungen spiegeln sich in der Unfähigkeit wider, Gefühle zu zeigen oder zu vermitteln. Nicht selten kommen diese Menschen dann mit Hauterkrankungen in
die Therapie.

Wenn der seelische Druck und der Juckreiz in ihnen zu
stark wird, beginnen sie zu kratzen. Einige Patienten weisen
so tiefe Kratzspuren auf, daß man glauben könnte, sie hätten
einen Kampf mit einem Raubtier ausgefochten. Das Kratzen
hat eine Ventilfunktion, wenn das Blut fließt, tritt endlich
die ersehnte Druckentlastung ein. Das ist ein Kreislauf. Ich
mache mich häßlich, um einen Grund zu haben, nicht be-
rührt zu werden, und schreie gleichzeitig nach Beachtung.

Fallbeispiel

Hans ist ein Mann der leisen Töne. In meine Sprechstunde
kam er mit folgenden Beschwerden. Er ist fast immer heiser
und spricht für einen Mann ungewöhnlich leise und sanft in
der Betonung des Gesagten. Ab und zu plagt ihn der Ischias-
nerv so, daß er zwangspausieren muß. Seit Jahren leidet er
unter Nierensteinen, außerdem kratzt er sich periodisch die
Arme und Unterschenkel blutig, häufig mit so tiefen Verletzungen, daß sie bis auf das Schienbein reichen. Hans ist seit
etwa dreißig Jahren verheiratet. Die Familie lebt von einem
Familienbetrieb, wo man sich so gut wie nie einen freien
Tag oder längeren Urlaub gestattet.

Obwohl ein guter Wohlstand vorhanden ist und die Möglichkeit zum Ausruhen zu schaffen wäre, liegt dieser selbst-
gemachte Druck krankmachend über der ganzen Familie.
Hans hat längst dieses Muster begriffen, ist aber nicht handlungsbereit in bezug auf Veränderung des derzeitigen Zustandes. Deshalb werden seine Beschwerden, vor allem die
der Haut, immer unerträglicher.

In ihm wachsen Sehnsüchte und Wünsche, teilzuhaben
an der Lebendigkeit außerhalb seines Betriebes. Er hat das

Gefühl, als ob ihm die Zeit langsam davonlaufen könnte, und die sonst tröstenden Worte seiner Frau: »Im Rentenalter werden wir alles nachholen« empfindet er inzwischen als Ironie. Er lebt in dem ständigen Widerspruch, frei von den täglichen Pflichten und dem damit verbundenen Druck sein zu wollen, und der Unfähigkeit, wirklich zu handeln.

Seine Nierensteine und die Ischiasbeschwerden werden immer zu seiner Zufriedenheit gut medizinisch behandelt. An der heiseren Stimme und der stark juckenden Hautreaktion sind aber schon viele Therapeuten verzweifelt. Er kann zur Zeit eben noch nicht aus seiner Haut heraus, fühlt sich dabei aber keineswegs wohl. So versucht er über Umwege seine Seele und den Körper zu entlasten. Ab und zu fährt er allein einige Tage in Urlaub. Er berichtet dann immer, daß seine Haut sich bereits nach einigen Stunden verbessert, ja sogar schon nach einigen Kilometern Abstand zu seinem häuslichen Umfeld der quälende Juckreiz nachläßt. Kommt er nach Hause zurück, kehren alle Symptome in kurzer Zeit wieder. So hat er sich eingerichtet in diesem Zyklus der Flucht und der Wiederkehr.

Da sein Leidensdruck anscheinend noch nicht so groß ist, daß er ernsthaftere Maßnahmen zur Konfliktlösung und zum Gesundwerden für sich in Anspruch nehmen möchte, wird es bei den kleinen Fluchtversuchen vor der Wahrheit bleiben.

Blut

Das Blut ist der Träger aller Informationen und der Vitalität. Es ist rot, weil die Farbe Rot für Lebendigkeit, Feuer, Kreativität und fließenden Fortschritt steht. Das Blut trägt in jedem Tropfen unsere einmaligen Eigenschaften in sich. Das

Blut kann heiß sein, mir kann das Blut kochen. Es kann mir das Blut in den Adern frieren. Es kann mich jemand bis aufs Blut reizen. Menschen, die uns ausnutzen und benutzen, bezeichnen wir als Blutsauger. Durch Blutspende können wir Leben retten. Indianische Völker werden Blutsbrüder, indem sie symbolisch ihr Blut vereinen und damit auch ihre Eigenschaften und ihr Leben.

Wir verströmen unser Blut durch die Blutgefäße, die wie Flüsse durch unseren Körper ziehen und ihn nähren. Es gibt in ihnen unterschiedliche Druckverhältnisse, ähnlich wie bei Ebbe und Flut. Bei Hochdruck haben wir Flut und bei niedrigem Blutdruck Ebbe. Das Blut kann uns zu Kopfe steigen oder in den Beinen versacken. Bei all diesen Symptomen sollten wir uns fragen, wo wir das Vertrauen in den Fluß des Lebens verloren haben, wo es uns an Stabilität fehlt.

Drüsen

Epiphyse (Zirbeldrüse) und Hypophyse (Hirnanhangdrüse)

Beide Drüsen stehen für Weisheit und das Wissen, welches jenseits unseres Verstehens liegt. Es ist sozusagen unser höherer Geist. Hier finden Integrationsprozesse statt, die nicht über den Verstand laufen. Der Körper tut etwas, ohne es wirklich zu kontrollieren. Hier werden Träume wahr. Durch die Aktivierung der Zirbeldrüse gelangen wir in erweiterte Bewußtseinszustände. Es gibt viele Möglichkeiten, sie zu erreichen, hier nur die gängigsten Beispiele: verschiedene Meditationstechniken, Trance, Musik, rituelle ekstatische Tänze und asiatische Sportarten. Durch Meditation am »Sitz der Seele«, etwa dort, wo die Hirnanhangdrüse ist, können wir inneres Licht erfahren.

Thymusdrüse

Sie hat entscheidenden Anteil an der Funktionstüchtigkeit unseres Immunsystems, indem sie T-Zellen produziert, die wiederum einen wichtigen Baustein für eine aktive Abwehr darstellen. Die Thymusdrüse steht dafür, wie wir kämpfen und wie wir loslassen. Der spirituelle Effekt besteht darin, daß, wenn sie gut funktioniert, unsere Angst umgewandelt wird in gut fließende Energie für unser Haupt. Sie ist auch das Symbol für unser emotionales Herz. Hier spüren wir den Druck und die seelischen Schmerzen zuerst.

Schlußwort

Entdecke deinen inneren Heiler!
Die Gabe des Heilens ruht in jedem.
Es ist keine Begabung, die nur wenige haben.
Es ist dein Geburtsrecht, heil zu sein.
Jeder kann Heilung empfangen, und jeder kann lernen zu heilen.
Jeder kann sich selbst und anderen Heilung geben.

Anhang

Literaturhinweise

Iris Bleeck, **Harmonische Heilung – Wege zur Energie-Medizin**, Fischer Verlag, Münsingen–Bern, 1996

Louise L. Hay, **Gesundheit für Körper und Seele**, Heyne Verlag, München, 1989

Hubert H. Scharl, **Die Organsprache als symbolischer Ausdruck für seelische Ursachen und unbewältigte Konflikte**, Verlag T. Marczell, München, 1976

Rajinder Singh, **Heilende Meditation** – Das Praxisbuch zur ganzheitlichen, seelischen und körperlichen Heilung, Urania Verlag, CH-Neuhausen, 1996

Kurt Tepperwein, **Die Botschaft Deines Körpers – Die Sprache der Organe**, mvg Verlag, Landsberg/Lech, 1988

Weitere Titel der ECON-Reihe Esoterik & Leben

Ursula und Wulfing von Rohr
Das neue I Ging *TB 19000-8*

Wulfing von Rohr/Gayan S. Winter
Zauber des Tarot *TB 19001-6*

Pearl
Die Engel sprechen zu Dir *TB 19002-4*

Ursula von Rohr
Edelsteine für Frauen *TB 19003-2*

Albert Padval
Düfte und Aromatherapie *TB 19005-9*

John Starr
Die Bedeutung deiner Hand *TB 19006-7*

Wulfing von Rohr
Karma und Reinkarnation *TB 19007-5*

Petra Kandelsberger/Annemarie Claucig
Bachblüten *TB 19008-3*

Daniel Jacobs
Das Geheimnis der Zahlen *TB 19009-1*

Azlan White/Wulfing von Rohr
Mondkraft *TB 19010-5*

Ursula und Wulfing von Rohr
Meditation *TB 19011-3*

Wir präsentieren die hellsten Köpfe des Neuen Zeitalters

Seit mehr als 15 Jahren
bringt die Buchhandlung Wrage
in Hamburg die wichtigsten Autoren
und Lehrer aus dem weiten Feld
zwischen Esoterik, Psychologie,
Selbsterfahrung und Neuem Denken
nach Deutschland.

Eine Auswahl:
**Johannes von Buttlar, Eileen Caddy,
Fritjof Capra, Deepak Chopra,
Rüdiger Dahlke, Shakti Gawain,
Felicitas Goodman, Chris Griscom,
Louise L. Hay, Ingrid Kraaz von Rohr,
Richard Moss, Margo Naslednikov,
Wulfing von Rohr, Peter Schellen-
baum, Rupert Sheldrake,
O. Carl Simonton, Stuart Wilde,
Marianne Williamson**

Wir schicken Ihnen gern
unsere Seminarunterlagen

Wrage Seminar Service
Schlüterstraße 4, 20146 Hamburg
Telefon 040-45 52 40, Fax: 44 24 69